„Liebesfilme sind halt so unrealistisch"
Der Horrorfilm und seine Zuschauerinnen
- Eine qualitative Studie über Bedeutung und Faszination des Horrorfilms für sein weibliches Publikum

Solveig Wrage

Solveig Wrage

"Liebesfilme sind halt so unrealistisch"

DER HORRORFILM UND SEINE ZUSCHAUERINNEN

Eine qualitative Studie
über Bedeutung und Faszination des Horrorfilms
für sein weibliches Publikum

ibidem-Verlag
Stuttgart

Bibliografische Information der Deutschen Nationalbibliothek
Die Deutsche Nationalbibliothek verzeichnet diese Publikation in der Deutschen Nationalbibliografie; detaillierte bibliografische Daten sind im Internet über http://dnb.d-nb.de abrufbar.

Bibliographic information published by the Deutsche Nationalbibliothek
Die Deutsche Nationalbibliothek lists this publication in the Deutsche Nationalbibliografie; detailed bibliographic data are available in the Internet at http://dnb.d-nb.de.

Coverabbildung: Images licensed by Ingram Publishing

Autorenfoto: Anna Classon Hallo. Abdruck mit freundlicher Genehmigung.

∞

Gedruckt auf alterungsbeständigem, säurefreien Papier
Printed on acid-free paper

ISBN-13: 978-3-8382-0315-7

Printed in Germany

Danksagung

Ich möchte mich vor allem bei meinen Interviewpartnerinnen bedanken. Ohne „Emily“ hätte es diese Untersuchung vielleicht gar nicht gegeben, denn sie war es, die mit einem Satz etwas in mir auslöste, das schließlich zu einer Forschungsfrage wurde. Ihr, wie auch „Alice“, „Amanda“, „Reiko“, „Angela“, „Sadako“ und „Katrina“ bin ich sehr dankbar, dass sie sich Zeit für mich genommen haben und meinen Fragen und der nicht ganz unkomplizierten Struktur-Lege-Technik gegenüber offen waren. Vor allem danke ich ihnen dafür, dass sie ihre klugen und interessanten Gedanken mit mir geteilt haben.

Prof. Dr. Dorle Dracklé und Dr. Margrit Kaufmann, meinen Betreuerinnen, möchte ich dafür danken, dass sie mir Mut gemacht haben, genau das zu tun, was ich für richtig halte.

Lisa Spanka gilt mein Dank dafür, dass und wie sie diese Forschung gelesen hat: in ihren sämtlichen Zuständen und sehr gründlich, nicht nur in Hinblick auf Grammatik und geschlechtersensible Schreibweise, sondern auch inhaltlich kritisch.

Außerdem möchte ich mich bei Dr. Jan Oberg für seine ebenso akribischen wie hilfreichen Hinweise zu einem „widerspenstigen“ Kapitel bedanken, und bei Henning Baucke für diverse Horrorfilm-Abende, die – je nach Film – mal unterhaltsam, mal zum Kotzen waren.

Inhaltsverzeichnis

Danksagung..........V

Einleitung..........9

1 Theorien & Methoden..........13

1.1 „_innen“ statt „Innen“ - Anmerkungen zur geschlechtssensiblen Schreibweise..........13
1.2 Forschungsstand..........14
1.3 Symbolischer Interaktionismus..........15
1.4 Struktur-Lege-Technik zur (Re-)Konstruktion Subjektiver Theorien..........17
1.5 Qualitative Inhaltsanalyse..........21
1.6 Eigene Vorgehensweise..........23

2 Darf ich vorstellen?..........31

Emily..........31
Alice..........31
Amanda..........32
Reiko..........32
Angela..........33
Sadako..........34
Katrina..........34
I - Solveig..........35

3 „Alles, wo man Angst kriegt oder so“ – Definitionen des Horrorfilms..........37

3.1 Allgemein..........37
3.2 Gute Horrorfilme..........43
3.3 Schlechte Horrorfilme..........52

4 „Vielleicht ist Gruseln einfach emotionaler als Dahinschmachten“ – Faszination und Bedeutung des Horrorfilms..........57

4.1 Der Kick..........57
4.2 Die bewusste Auseinandersetzung mit eigenen Ängsten..........58
4.3 Abschalten vom Alltag..........59
4.4 Humor..........60
4.5 Genre-Präferenzen..........61
4.6 Horrorfilme sind 64
4.7 Das Gemeinschaftserlebnis..........67

Exkurs: „Mädchenfilme, Hollywood und so Zeug" – Bedeutung von Film und Fernsehen allgemein für die Interviewten.....71

5 „Am lustigsten zu mehreren" – die Rezeptionssituation.....79

5.1 Der Ort.....*79*
5.2 Mit wem.....*81*
5.3 Auseinandersetzung mit dem und Austausch über den Film.....*95*

Fazit.....105

Anhang.....113

Transkriptionsregeln.....*113*
Qualitative Inhaltsanalyse: Inhaltliche Strukturierung.....*115*
Leitfaden für Einzelinterviews.....*117*

Filme & TV-Shows.....121

Bibliographie.....125

Einleitung

„Ich schaue privat eigentlich nur Horrorfilme“, erklärt mir Emily. Ich sage wohl etwas wie, „Aha“, und versuche möglichst gleichgültig zu klingen, dabei bin ich alles andere als das. Es ist Montagabend und ich befinde mich in einem Mädchentreff, in dem sich um diese Zeit wöchentlich eine Teenie-Gruppe zusammenfindet. Ich bin zu Gast, um ein Filmanalyse-Konzept auszuprobieren, das ich für die Einrichtung entwickelt habe. Als ich ankomme, weht mir aus der Küche der Geruch von frisch gebackenen Plätzchen entgegen. Während ein Teil der Gruppe noch damit beschäftigt ist zu backen, trudeln einige erst nach und nach ein. Die DVD, die ich geplant hatte zu zeigen, ist nicht auffindbar, ich hetze in die Videothek am Ende der Straße, finde einen Film, auf den ich eigentlich zwar nicht vorbereitet bin, zu dem mir aber sicherlich auch etwas einfällt. Endlich, mit einiger Verspätung, haben die zehn jungen Frauen und ich uns vor dem Großbildfernseher in der Sofaecke eingerichtet und schauen uns *Raus aus Åmål* an. Der Film erzählt die Geschichte von zwei weiblichen Teenagern, die kaum unterschiedlicher sein könnten: Elin ist laut und beliebt (nicht zuletzt bei den Jungs), Agnes hat keine Freunde, ist unglücklich – und verliebt in Elin. Als Elin als einziger Gast auf Agnes' Geburtstagsparty auftaucht, kommen sich die beiden schließlich näher. Anschließend an den Film diskutieren die Teilnehmerinnen einige Fragen, die ich vor dem Film in den Raum gestellt habe. Da ich die jungen Frauen nicht näher kenne, basierte meine Filmauswahl zugegebenermaßen auf meinem Vorurteil, welcher Film für „so eine Gruppe“ – weiblich, zwischen 15 und 18 – passend sein könnte. Ein Film über eine komplizierte Freundschaft zwischen zwei weiblichen Teenagern, damit kann ich wohl nicht so falsch liegen, oder? Vermutlich aus Neugier, wie treffend diese Wahl tatsächlich war, frage ich nach dem persönlichen Filmgeschmack der Anwesenden. Dabei zog besonders Emily mit ihrer Antwort meine Aufmerksamkeit auf sich, eben weil sie nicht so recht in das Bild passen wollte, das ich mir – auch anhand von ihren Reaktionen während des Films und der anschließenden Diskussion – von diesen jungen Frauen gemacht hatte: „Ich schaue privat eigentlich nur Horrorfilme.“ „Wie interessant!“, denkt ein unbedarfter, spontaner Teil von mir und: „Das sieht man ihr gar nicht an!?“ Eine andere innere Stimme – vermutlich die gleiche, die mich davon abhält, solche Gedanken laut herauszuposaunen – findet, „Nein, wirklich interessant ist, dass du es merkwürdig findest, wenn eine intelligente junge Frau Horrorfilme mag. Es ist ebenfalls interessant", fährt diese innere Analytikerin fort mich zu belehren, „dass du denkst, man könnte diese Genre-Präferenz irgendwo am Äußeren einer (weiblichen) Person ablesen. Wie hat denn bitte schön eine Frau, die Horrorfilme mag, deiner Meinung nach auszusehen? Aber das Interessanteste ist, dass du so auf Emily reagierst, obwohl du selber gerne Horrorfilme schaust und weiblich und intelligent bist. Du beanspruchst genau die gleichen Attribute für dich, die du auch Emily zuschreibst. Der Unterschied ist nur, dass an ihr diese Kombination von Eigenschaften Erstaunen bei dir auslöst, während sie dir an dir selbst völlig selbstverständlich erscheint. *Das* ist interessant."

Die Annahme, dass dieses Genre „männlich" ist, muss sehr tief verwurzelt sein, wenn ich als Zuschauerin und noch dazu an feministischen Themen interessierte Kulturwissenschaftlerin bis zu diesem Moment nicht sehen konnte, wie widersprüchlich es ist, wenn eine Frau, die *gerne* Horrorfilme schaut, denkt, diese seien „Männerfilme". Wenn selbst Frauen, die gerne Horrorfilme schauen, denken, dass dieses Genre sich eigentlich an Männer richtet, was haben diese Filme denn dann seinem weiblichen Publikum zu bieten? Diese Frage ist an jenem Filmabend aus meiner Irritation über Emilys Aussage heraus erwachsen und die vorliegende Studie ist das Ergebnis meiner Suche nach einer Antwort. Dabei legt die Frage selbst bereits den Rahmen einer Untersuchung fest. „Ein weibliches Publikum" ist zunächst einmal ein Publikum, auf das – neben einigen anderen Eigenschaften – das Attribut „weiblich" zutrifft. Es geht also um die Frage, worin grundsätzlich die paradoxe Faszination an einem Genre besteht, das niemandem gestattet „die Seele baumeln zu lassen", dafür aber sämtliche Gliedmaßen und Organe. Was hier gleichzeitig impliziert wird, ist, dass es um die Perspektive der Nutzer_innen geht.[1] Die vorliegende Untersuchung basiert auf der Annahme, dass die Bedeutung von Dingen nicht in den Dingen selbst liegt, sondern von Akteur_innen in sie hinein gelegt wird, also stets subjektiv gedacht werden muss.[2] Diese Auffas

1 Diese Form der geschlechtssensiblen Schreibweise will mit der Lücke, die durch den Unterstrich angedeutet wird, darauf hinweisen, dass mehr Geschlechtsidentitäten möglich sind, als sprachlich mit der weiblichen und der männlichen Form erfasst werden können. Mehr dazu siehe Kapitel 1.1.

2 Ein Ding als Bedeutungsträger kann in diesem Zusammenhang alles sein, es muss sich dabei

sung geht auf Herbert Blumer und dessen Theorie des Symbolischen Interaktionismus zurück (mehr dazu in Kapitel 1.3 dieser Arbeit). Welche Bedeutung, welchen Wert haben also Horrorfilme für die Rezipient_innen selbst? Diese Fragen sind in der Wissenschaft weitgehend unbeantwortet. Sie werden überdies kaum gestellt, da die meisten Untersuchungen über die Beziehung zwischen dem Genre des Horrorfilms und dessen Publikum keine Rezeptionsforschungen, sondern Wirkungsforschungen sind.[3] Sofern erstere betrieben werden, richten sie sich vor allem auf die männlichen Rezipienten, da diese als die Hauptzielgruppe wahrgenommen werden. Da es aber, wie gezeigt, durchaus Frauen gibt, die Horrorfilme schauen, ist es Zeit zu fragen: Was hat dieses Genre seinem weiblichen Publikum zu bieten? Um die subjektive Bedeutung des Horrorfilms aus der Sicht von Zuschauerinnen herausarbeiten zu können, habe ich Interviews mit sieben Frauen zwischen 14 und 33 Jahren geführt. Die Sichtweisen der Rezipientinnen, die in der bisherigen wissenschaftlichen Forschung zum Thema Horrorfilm fehlen, sollen durch diese Forschung sichtbar werden (mehr zum Forschungsstand, siehe Kapitel 1.2).[4]

Kapitel Eins gibt Aufschluss über den theoretischen und methodischen Hintergrund dieser Studie. Methodisch habe ich mich bei meiner Untersuchung an einer Dialog-Konsens-Methode zur Rekonstruktion Subjektiver Theorien orientiert, nämlich der von Brigitte Scheele und Norbert Groeben entwickelten Struktur-Lege-Technik (siehe Kapitel 1.4). Diese Methode erlaubte es mir, die geführten Gespräche gemeinsam mit den von mir interviewten Nutzerinnen auszuwerten, was essenziell war für mein Hauptanliegen, die Zuschauerinnen selbst sprechen zu lassen. Bei der Auswertung der so erhobenen Daten stütze ich mich auf die Qualitative Inhaltsanalyse, wie Philip Mayring sie beschreibt (mehr dazu in Kapitel 1.5).

Kapitel Zwei besteht aus kurzen Vorstellungen der von mir interviewten Frauen sowie meiner selbst. Die Analyse der Untersuchung findet sich in den Kapiteln

nicht zwangsläufig um ein Ding im Sinne eines physischen Körpers handeln.

3 Während die Wirkungsforschung danach fragt, was die Medieninhalte mit den Zuschauer_innen machen, interessiert sich die Rezeptionsforschung vielmehr dafür, was die Zuschauer_innen mit den Medieninhalten machen.

4 Benutze ich, so wie hier, nicht die _innen-Schreibweise, sondern die männliche oder weibliche Form, dann ist ausschließlich diese gemeint.

Drei bis Fünf, in welchen die Aspekte der Definition(en), Faszination sowie Rezeptionssituation behandelt werden. Eine Zusammenfassung der Ergebnisse ist im Fazit ab S. 105 zu lesen.

Ich bezeichne diese Studie in dem Sinne als feministisch, als sie die Perspektiven von (einigen) Frauen sichtbar macht, die „Eindringlinge“ auf dem Territorium Horrorfilm zu sein scheinen, obwohl sie längst große Gebiete für sich erobert haben und sich dort zwischen Untoten und Männern niedergelassen haben – wie im richtigen Leben auch. Ich möchte dabei betonen, dass diese Untersuchung, obwohl ich dabei ausschließlich Frauen befragt habe, nicht lediglich für Feminist_innen interessant ist. Jede_r, die_der sich fragt, warum überhaupt irgendjemand Horrorfilme schaut, findet in der vorliegenden Studie konkrete Antworten. Wer auf eine allgemeingültige Erklärung der Faszination des Phänomens Horrorfilm hofft, wird womöglich enttäuscht sein – die findet sich nicht hier und alle Zeichen deuten darauf, dass es sie gar nicht gibt, zumindest nicht, wenn die Perspektiven der Nutzer_innen im Fokus stehen.

Der Titel dieser Arbeit, „Liebesfilme sind halt so unrealistisch“, ist ein leicht abgewandeltes Zitat aus dem Interview mit Emily.[5] Ich habe es als Titel gewählt, weil hier ein zentraler Aspekt auf den Punkt gebracht wird, der in dieser Vereinfachung zugleich irritierend ist: Horrorfilme lösen etwas in den Zuschauer_innen aus, das auf gewisse Weise „echter“ erscheint als das, was Filme anderer Genres vermögen. Die Geordnetheit und vor allem das glückliche Ende vieler Filme lassen die Zuschauer_innen mit der immer wiederkehrenden und stets aufs Neue enttäuschenden Erkenntnis zurück, dass das Gesehene „nur ein Film“ war. Der Horrorfilm hingegen sät Zweifel an der Illusion. Der Satz „Es ist bloß ein Film“ ist hier kein Ausdruck der Enttäuschung, sondern eine Art Beschwörungsformel, die den Zuschauer_innen gestattet, sich auf die Fiktion einzulassen. Zweifel bleiben dennoch, dass nicht auch im eigenen Keller ein_e psychopathische_r Massenmörder_in lauern könnte – schließlich ist es häufig gerade der Unglaube an das unglaublich Schreckliche, der den Opfern im Film zum Verhängnis wird.

5 Emily, 00:06:19-5.

1 Theorien & Methoden

1.1 „_innen" statt „Innen" - Anmerkungen zur geschlechtssensiblen Schreibweise

In meiner Arbeit benutze ich die geschlechtssensible Schreibweise „_innen", welche - anders als das „Innen" - im Schriftbild sichtbar macht, dass es neben/zwischen „Mann" und „Frau" auch noch andere Geschlechtsidentitäten gibt. Vor diesem Hintergrund mag es einigen Leser_innen widersprüchlich erscheinen, dass ich nur „Frauen" und keine weiteren „Anderen" (=Nicht-„Männer") befragt habe, bzw. meine Interviewpartnerinnen gar nicht danach gefragt habe, welcher Geschlechtsidentität sie sich selbst zuordnen, sondern sie eigenmächtig der Kategorie „Frau"/ „Mädchen" zugeordnet habe. Tatsächlich *ist* dies auch widersprüchlich, was jedoch in der Sache selbst liegt: Einerseits ist Geschlecht nicht natürlich, sondern sozial konstruiert und es gibt demnach von Natur aus nicht (nur) „Mann" und „Frau", sondern eine Vielzahl von möglichen Konstruktionen geschlechtlicher Identitäten. Andererseits aber existieren „Frauen" und „Männer" - eben weil durch die mehrheitsgesellschaftliche Überzeugung, dass dies die „natürlichen" Geschlechtsidentitäten seien, diese immer wieder rekonstruiert und reproduziert werden. Und auch wenn es ohne Zweifel wichtig ist, die Natürlichkeit der heteronormen Binarität dieser Geschlechtsidentitäten infrage zu stellen/zu dekonstruieren, so wäre es gleichzeitig falsch, die Existenz von Frauen und Männern zu bestreiten - denn auch wenn diese beiden Kategorien „nur" sozial konstruiert sind, so ist die Überzeugung von der Natürlichkeit dieser Konstrukte doch kaum weniger wirkungsvoll als es ein natürliches Geschlecht wäre. Mit anderen Worten: Solange die soziale Kategorie „Frau" existiert und innerhalb des binären Systems marginalisiert wird, ist es wichtig, in einer Forschung nach ihrer Perspektive zu fragen. Ich widerspreche allerdings nicht, dass der notwendige nächste Schritt ist, die Perspektiven anderer Geschlechtsidentitäten sichtbar zu machen, wenn die Selbstverständlichkeit der Kategorien „Frau" und „Mann" infrage gestellt werden soll. Dies gilt nicht nur für dieses Thema, sondern ganz allgemein.

1.2 Forschungsstand

Es mangelt nicht an Filmtheorien zum Horrorgenre selbst, doch dessen Rezipient_innen kommen dabei selten zu Wort – so sie überhaupt Thema einer Forschung sind. Dies gilt auch für die feministischen Auseinandersetzungen mit diesem Genre, die vor allem seit den 1990er Jahren stattgefunden haben. Angestoßen wurden diese durch die Infragestellung des Vorwurfs, Horrorfilme seien per se frauenfeindlich, weil die Figur des Täters stets männlich und die des Opfers stets weiblich dargestellt werde. Anlass zum Zweifel bot vor allem Carol Clovers These, dass die Zuschauer_innen sich nicht automatisch mit derjenigen Figur im Film verbunden fühlen, die ihrem eigenen Geschlecht entspricht, sondern vor allem mit dem Opfer – unabhängig von dessen und der eigenen Geschlechtszugehörigkeit (Clover 1993). Obgleich Clover somit ein Argument dagegen liefert, dass Horrorfilme gleich „Männerfilme" sind, konzentriert sich ihre Forschung auf das männliche Publikum. Isabel Pinedo hingegen fragt zwar nach der Attraktivität des Genres für seine Zuschauerinnen, jedoch ist ihre Auseinandersetzung mit „female spectatorship" (Pinedo 1997, 4) rein theoretischer Natur.

Abgesehen davon wird das Horrorfilm-Publikum vor allem von (Medien-)Pädagog_innen thematisiert, in der Regel im Hinblick auf die Wirkung von Gewaltdarstellungen in den Medien auf Kinder und Jugendliche und es wird recht einheitlich ge-/verurteilt. Die Titel dieser Werke tragen plakative Namen wie „Grand theft childhood : the surprising truth about violent video games and what parents can do" (Kutner & Olson 2008), „Kriminalisierung von Kindern und Jugendlichen durch Medien : Wirkungen gewalttätiger, sexueller, pornographischer und satanischer Darstellungen" (Glogauer 1991) oder gar „Wer hat unseren Kindern das Töten beigebracht?" (Grossman & DeGaetano 2002), um nur ein paar Beispiele zu nennen. Dennoch gibt es einige Ausnahmen, die zu einem anderen Ergebnis kommen – etwa „Kinder brauchen Monster" (Jones 2005) oder „Computerspiele und Gewalt : eine psychologische Entwarnung" (Köhler 2008).

Eine der wenigen und zugleich eine der im deutschsprachigen Raum bekanntesten Rezipient_innenforschung zum Thema Horrorfilme ist Waldemar Vogelgesangs „Jugendliche Video-Cliquen : Action- und Horrorvideos als Kristallisationspunkte einer neuen Fankultur" (Vogelgesang 1991). Geschlechtsspezifische Rezeptionsforschung zum Thema Horrorfilm (oder allgemeiner: mediale Gewaltdarstellungen) gibt es noch weniger, meist wird dieser Aspekt in einem Unterabschnitt angedeutet. „Zwischen Ohnmacht und Allmacht : Unterschiede im Erleben medialer Gewalt von Mädchen und Jungen" (Luca 1993) ist meines Wissens die einzige Untersuchung, die sich dem Aspekt der Geschlechtsspezifika in der Rezeptionsforschung ganz widmet. „Filmrezeption und Mädchencliquen : Medienhandeln als sinnstiftender Prozess" (Wierth-Heining 2005) untersucht immerhin die Film- und Fernseh-Rezeption von Mädchen/jungen Frauen allgemein. Zusammenfassend lässt sich über die Recherche zu diesem Thema sagen, dass sich die Liste der Wirkungsforscher_innen und Kritiker_innen des Horrorfilms ohne Probleme fortsetzen ließe, während sich die Suche nach Rezipient_innen-Forschungen hingegen als sehr mühsam erweist.

1.3 Symbolischer Interaktionismus

> „Psycho-Thriller, das sind Horrorfilme ..... . Es gibt ja auch diese Zombie-Filme und das finde ich zum Beispiel das ist so unrealistisch. Das würde ich gar nicht so als Horrorfilm unbedingt . (.) wahrnehmen, eher als Action-Film dann oder so." (Emily, 00:07:01-5)

> „Naja, es gibt ja sowas- Psychofilme werden ganz oft als Horrorfilm bezeichnet, das heißt, wenn es mehr so um die menschliche Psyche geht. Das ist für mich zum Beispiel kein Horrorfilm. [...] Also Horror, da geht es schlichtweg um (.) paranormale (.) Aktivitäten. Das heißt, da rennt ein Geist durch die Kantee, da spukt ein Vampir durchs Haus, oder die Zombies überrennen die Welt. Das ist ein Horrorfilm. [...]" (Sadako, 00:00:40-4 bis 00:01:09-1)[6]

Ich habe all meine Interviewpartnerinnen gebeten, den Begriff „Horrorfilm" zu definieren. Dass ihre Antworten nicht wortwörtlich übereinstimmen, war zu erwarten. Dass sie sich so deutlich widersprechen, mag jedoch ein wenig überraschend sein. Welche Definition ist denn nun die richtige? Sind beide falsch? Oder ist dieser Widerspruch weniger problematisch, als er auf den ersten Blick erscheint?

Die vorliegende Untersuchung basiert auf der Überzeugung, dass die Bedeutung, die ein Ding hat, nicht in ihm vorgefunden werden kann, sondern von Akteur_innen durch Interaktion in dieses Ding hineingelegt wird. Die Theorie, die einem solchen Verständnis zugrunde liegt, ist der *Symbolische Interaktionismus*, ein Begriff, der auf den Soziologen Herbert Blumer zurück geht und mit seinem Auf-

6 Transkriptionsregeln siehe Anhang, S. 113.

kommen zu Beginn der 1970er Jahre viel diskutiert wurde (Flick 2009, 82ff).[7] Die drei Grundannahmen dieser Theorie lauten:

> „The first premise is that human beings act toward things on the basis of the meanings that the things have for them. [...] The second premise is that the meaning of such things is derived from, or arises out of, the social interaction that one has with one's fellows. The third premise is that these meanings are handled in, and modified through, an interpretative process used by the person in dealing with the things he encounters." (Blumer 1969, 2)

Wie sich Menschen Dingen gegenüber verhalten, hängt also davon ab, welche Bedeutung die Dinge für sie haben. Laut Blumer hängt diese Bedeutung des Dinges für die Akteur_innen ab von den sozialen Interaktionen, die sie eingehen. So, wie sich die Interaktionen im Laufe der Zeit verändern, kann sich auch die Bedeutung des Dinges wandeln. Reiko liefert mit einer Betrachtung über die historische Entwicklung des Horrorfilms und ihre eigene sich damit wandelnde Wahrnehmung eine Veranschaulichung für diesen Prozess:

> „Und das hat sich wirklich einfach auch so über Jahre (.) entwickelt, dass ich da auch so einen (.) Zugang zu habe. (.) Oder auch interessiert bin, was gibt es so Neues und (.) ich finde es auch, also diese Frage an sich interessant, 'Warum gucken Leute Horrorfilme', ne? Und das ist nicht einfach dieses 'Horrorfilm ist gleich Horrorfilm' und (.) und auch, ich finde (.) auch diesen historischen Teil auch interessant: warum, also, was gab es irgendwie für Filme in den 40er Jahren und wie hat sich das verändert und was ist heute so angesagt und was war irgendwie als ich Teenie war voll schlimm und heute ist halt 'Saw', ne, das ist ja das Thema bei den Kids. Habe ich mir jetzt auch mal angeguckt, aber mich schockt ja jetzt auch nichts mehr. @(.)@ Ich bin echt, ich habe das Gefühl, ich bin jetzt abgestumpft. (.) Bei mir waren es halt andere Filme, die krass waren. Also so was wie 'Tanz der Teufel' oder so, das war dann bei uns in der Schule eher Thema, (.) worüber man sich dann, ne? Dieses 'Oah, ich hab's gesehen' und so. (.) Das hat sich halt verändert. [...]" (Reiko, 01:01:02-6)

Während für Reiko als Jugendliche *Tanz der Teufel* einer der Film war, die Maßstäbe im Genre des Horrorfilms setzten, schockiert dieser ihrer Beobachtung nach im Jahr 2010 weder sie selbst noch die heutige Generation von Jugendlichen. Für letztere sei heute *Saw* ein solcher Maßstäbe setzender Film. Wie Reiko es schildert, ist es nicht nur eine Entwicklung, die Bedeutungen in diesem Genre verändert, sondern es sind mehrere, die sich gegenseitig bedingen, wie das sprichwörtliche Huhn und das Ei: Reikos Sehgewohnheiten und die des restlichen Publikums

7 Die Grundlage für den Inhalt dieses Begriffs – den Blumer im Nachhinein übrigens selbstkritisch als „barbarische Wortschöpfung" (Blumer 1973, 144 zitiert nach Mayring 2008, 29) bezeichnete – geht wiederum auf George Herbert Mead 1968 zurück.

haben sich mit der Weiterentwicklung des Genres verändert und umgekehrt fordern die veränderten Sehgewohnheiten des Publikums, gerade die der jüngeren Generation, die Weiterentwicklung des Genres. Beides sind Prozesse, die die Bedeutung des Gegenstandes „Horrorfilm" verändern oder gar neu definieren.

Der Horrorfilm ist ein anschauliches Beispiel dafür, was es heißt, dass ein Ding seine Bedeutung nicht in sich trägt, sondern dass sie ihm durch seine Nutzer_innen verliehen wird. Die eingangs angeführten Definitionen von Emily und Sadako lassen bereits ahnen, dass es womöglich keine „universal" gültige Bedeutung des Begriffs „Horrorfilm" gibt.

Die Bedeutung des Horrorfilms für seine Zuschauer_innen liegt, unter der Prämisse des Symbolischen Interaktionismus, nicht in den Filmen, sondern bei den Akteur_innen, die mit diesen Filmen interagieren. Demnach kann eine Forschung über die Bedeutung von Horrorfilmen für sein weibliches Publikum nur zu Erkenntnis führen, wenn sie ihren Fokus auf die Zuschauerinnen und ihre Perspektiven auf den Horrorfilm legt.

1.4 Struktur-Lege-Technik zur (Re-)Konstruktion Subjektiver Theorien

Eine geeignete Methode, die Perspektive der Akteur_innen ins Zentrum der Forschung zu stellen, ist die Struktur-Lege-Technik, eine von Brigitte Scheele und Norbert Groeben entwickelte Dialog-Konsens-Methode (Scheele & Groeben 1988). Diese spezielle Methode stammt aus der Psychologie, doch das Ziel, Bedeutungen – vor allem von alltäglichen Handlungen – aus der Perspektive der Handelnden zu verstehen, ist vor allem für die Ethnomethodologie typisch (vgl. Mayring 2008, 29ff).

Die Struktur-Lege-Technik dient dazu, gemeinsam mit den Interviewpartner_innen ihre *Subjektiven Theorien* zu (re-)konstruieren. Dieses Konzept geht auf den Psychologen George A. Kelly zurück, der mit seiner *Personal Construct Theory* (Kelly 1955) zum ersten Mal die Parallelen zwischen dem Denken des wissenschaftlichen und des Alltagspsychologen konstatiert. Hiernach basiert das Konzept der Subjektiven Theorie auf der Annahme, „daß das komplexe, argumentative Denken des Alltagstheoretikers vergleichbare Funktionen erfüllt wie das Theoretisieren des Wissenschaftlers: nämlich die Erklärung, Prognose und Veränderung von Welt"

(Scheele & Groeben 1988, 2). Dies impliziert, dass der_die Wissenschaftler_in ein Menschenbild hat, demzufolge die Merkmale und Kompetenzen, die er_sie sich selbst zuschreibt, auch auf die Interviewpartner_innen zutreffen – nämlich „Sprach- und Kommunikationskompetenz, Reflexivität, potentielle Rationalität sowie Handlungsfähigkeit" (ebd., 4; vgl. auch Groeben 1986b, 63ff). Beim Vergleich subjektiver und wissenschaftlicher Theorien sind in dieser Hinsicht vor allem die Bereiche interessant, in denen sie sich überschneiden.

Dass Laie und Wissenschaftler_in zu ähnlichen Erkenntnissen kommen können, konnte ich bei meiner Forschung mehrfach feststellen: zum Beispiel betont Sadako die Worte „für mich" in dem zu Beginn des Kapitels angeführten Zitat, als sie auf die Frage nach der Definition von Horrorfilmen antwortet. Dies signalisiert ein Bewusstsein dafür, dass dies keine allgemeingültige Definition ist. Ihre Überzeugung stimmt darin mit der Theorie des Symbolischen Interaktionismus überein, dass die Bedeutung eines Dings im Auge der Betrachter_innen liegt. Dies wiederum bestätigt die Annahme der Personal Construct Theory, dass die alltagspsychologischen Erklärungen von Laien zu ähnlichen Ergebnissen führen können wie wissenschaftliche Theorien.[8]

Zum Einsatz kommt die Struktur-Lege-Technik zur (Re-)Konstruktion von Subjektiven Theorien vor allem dann, wenn ein Gebiet wissenschaftlich noch nicht oder kaum erschlossen ist, wie es im Hinblick auf meine Frage nach der Bedeutung von Horrorfilmen für sein weibliches Publikum der Fall ist (Scheele & Groeben 1988, 18). Die Struktur-Lege-Technik hat den Zweck, Alltagsaussagen sprachlich/formal auf das Niveau wissenschaftlicher Aussagen zu heben. In der Anwendung, so Scheele und Groeben, ist die Schaffung einer *Idealen Sprechsituation*, d. h. eines hierarchiefreien Raumes, in dem Forscher_in und Befragte_r gleichberechtigt miteinander kommunizieren können, besonders wichtig (ebd., 23).[9] Dies ist – wie der Name schon sagt – ein Ideal, dessen Verwirklichung Ziel sein soll, aber nur annäherungsweise erreicht werden kann (ebd.). Die Umsetzung der Methode sieht folgende Schritte vor:

8 Ein weiteres Beispiel für die Übereinstimmung von alltagstheoretischer und wissenschaftlicher Erklärung findet sich in *Kapitel 3.1*, S. 40.

9 Das Konzept der Idealen Sprechsituation geht auf Jürgen Habermas zurück. Nachzulesen in: *Wahrheitstheorien* (Habermas 1973).

1. *Erstellen eines Leitfadens für ein halbstandardisiertes Interview* (ebd., 35ff). Damit wird eine Weiterentwicklung des Leitfaden-Interviews bezeichnet, die speziell darauf ausgerichtet ist, die Subjektive Theorie der Interviewpartner_innen zu rekonstruieren.[10] Das Interview wird, wie der Name sagt, anhand eines thematischen Leitfadens geführt. Da nicht nur die expliziten Annahmen abgerufen werden sollen, die die Interviewten direkt äußern, sondern auch die Annahmen, die weniger unmittelbar artikuliert werden können, bedarf es von Seiten der Interviewer_innen besondere Unterstützung durch die Fragetechnik: die Themen werden jeweils mit einer offenen Frage begonnen und einer Konfrontationsfrage beendet. Durch die offene Frage können die Interviewten ihr explizit „abrufbares" Wissen präsentieren. Die Konfrontations- oder Störfragen dienen dazu, das Gesagte herauszufordern, die Äußerungen der Interviewpartner_innen zu festigen bzw. auszuschließen, dass vielleicht doch etwas anderes gemeint ist (ebd. 36, sowie Flick 2006, 128f). Dieses Vorgehen verlangt den Interviewten eine recht hohe Bereitschaft zur Selbstreflexion ab, da die Frage, wie der Name bereits sagt, einer Konfrontation gleich kommt, was von den Befragten negativ aufgefasst werden kann. Die Konfrontation kann zumindest gemildert werden, indem die Interviewer_innen ihre Fragen sensibel formulieren.[11] Diese Störfragen bleiben bei aller Feinfühligkeit problematisch, weshalb sie in vielen Forschungen, die die Struktur-Lege-Technik anwenden, ausgespart werden (ebd., 134). Von den offenen und den Konfrontationsfragen abgesehen, stellen die Forscher_innen Fragen, die von ihren eigenen theoretischen Vorannahmen das Thema betreffend geleitet sind.

2. *Das Interview wird durchgeführt* und mit dem Einverständnis der Interviewpartner_innen aufgezeichnet. Der_die Interviewer_in händigt der_dem Interviewten eine Anleitung für die Struktur-Lege-Technik aus, welche bei einem zweiten Treffen angewendet wird (Scheele & Groeben 1988, 51ff). Je nach Vereinbarung arbeiten die Interviewten diese Anleitung zwischen den beiden Treffen selbständig durch, oder es wird, bei sehr komplexen Subjektiven Theorien, eine zusätzliche Sitzung vereinbart, die allein dem Erklären und Üben der Technik dient (ebd.,

10 Ich werde diese hier nur knapp beschreiben, für eine ausführliche Darstellung siehe Scheele & Groeben 1988, 35ff oder – zur Einführung besser geeignet – Flick 2006, 127ff.

11 Z. B. können sie sich durch eine Formulierung wie, „Man könnte ja auch sagen ...", von einem Einwand distanzieren und ihn dennoch vorbringen. Oder es wird direkt zur Sprache gebracht, wenn nun eine Störfrage gestellt wird (Scheele & Groeben 1988, 46).

63f).

3. Es folgt *das Transkribieren der Interviewaufnahme*. Die_der Forscher_in sollte dies möglichst zeitnah erledigen, damit die zweite Sitzung mit ca. zwei bis drei Wochen Abstand auf die erste folgen kann. So sind die Erinnerungen an das Interview bei den Beteiligten noch recht frisch (Flick 2006, 130).

4. Der_die Forscher_in wendet zunächst die *Struktur-Lege-Technik* selbst an, damit seine_ihre Legung beim zweiten Treffen mit der des_der Interviewten verglichen werden kann (Scheele & Groeben 1988, 63). Dazu ist einiges an Vorarbeit notwendig: Sie_er geht das durch die Transkription entstandene Textmaterial durch und schreibt *zentrale Begriffe* heraus, die für die (Re-)Konstruktion der Subjektiven Theorie der_des Interviewten relevant sind (ebd., 53). Dafür sehen Scheele und Groeben verschiedenfarbige *Karten* vor, die beim Verlag erworben werden können (ebd., 168). Es gibt grüne Karten, auf die *grundlegende Begriffe* eingetragen werden und rote, auf welche *Begriffe zur Erläuterung* jener geschrieben werden. Um die verschiedenen Konzeptkarten miteinander in Bezug setzen zu können, gibt es gelbe Karten, die mit Zeichen versehen sind, die verschiedene Arten von Beziehungen symbolisieren (ebd., 53), z. B.:[12]

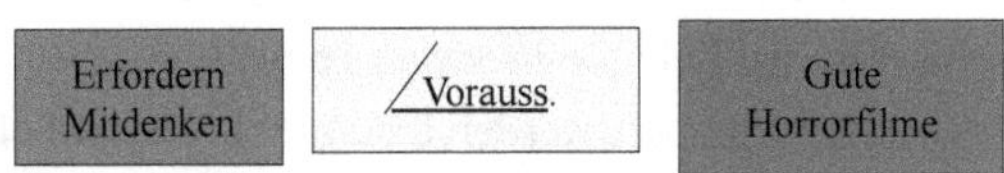

Nachdem der_die Forscher_in die verschiedenen Konzepte auf die roten und grünen Karten geschrieben hat, legt er_sie sie mittels der gelben Karten in Bezug, so dass eine *Struktur* entsteht, die die Subjektive Theorie der_des Interviewten zum Thema des Interviews darstellt. Wichtig ist, dass die_der Forscher_in diese Legung so vornimmt, wie sie_er die_den Interviewte_n versteht, nicht, wie er_sie selbst die Zusammenhänge sieht. Die Legung wird festgehalten (ebd., 63).

5. Beim *zweiten Treffen mit der_dem Interviewpartner_in* werden dieser_m die Konzeptkarten vorgelegt und die Zustimmung eingeholt, dass sie_er von der_dem Forscher_in richtig wiedergegeben worden sind (ebd.). Wenn nötig, werden Karten geändert, weggelassen oder hinzugefügt. Nun legt die_der Interviewte die

12 Diese Legung bedeutet: Voraussetzung für gute Horrorfilme ist, dass sie Mitdenken erfordern.

Konzeptkarten so miteinander in Beziehung, dass eine Struktur entsteht, die wiedergibt, wie er_sie die Zusammenhänge sieht. Diese Legung wird besprochen und ebenfalls dokumentiert. Anschließend zeigt die_der Forscher_in ihre_seine Struktur-Legung dem_der Interviewten. Beide werden verglichen und der_die Interviewte bekommt nun Gelegenheit, die eigene Legung vor diesem Hintergrund noch einmal zu überprüfen und gegebenenfalls zu ändern (ebd.). Es geht hierbei nicht darum, die_den Interviewten von der Richtigkeit der Legung der_des Wissenschaftler_in_s zu überzeugen, sondern darum, die Struktur-Legung der_des Interviewten so stark wie möglich zu machen (Flick 2006, 131). Diese dritte Legung wird ebenfalls dokumentiert.

6. Die dritte Struktur stellt die Subjektive Theorie der_des Interviewten dar und wird in einem letzten Schritt von der_dem Forscher_in *verbalisiert* (Scheele & Groeben 1988, 65).

Die Struktur-Lege-Technik nach Scheele und Groeben sieht keine bestimmte Auswertungsmethode vor (Flick 2006, 134). Flick empfiehlt allgemeine Codierungs-Verfahren (ebd.).

1.5 Qualitative Inhaltsanalyse

Um die Aussagen meiner Interviewpartnerinnen für die Untersuchung darstellen und auswerten zu können, habe ich mich an einer Variante der Qualitativen Inhaltsanalyse nach Philipp Mayring orientiert (Mayring 2008), wobei für mich das Codieren und Bilden von Kategorien zentraler Aspekt der Auswertung war (mehr dazu in *Kapitel 1.6.3*, S.27). Ich schreibe bewusst „orientiert“, denn, wie auch die Forschungsmethode, lässt sich die Auswertungsmethode nicht 1:1 auf einen konkreten Fall anwenden, sondern muss angepasst werden. Mayring erläutert selbst:

> „In jedem Fall muß darauf geachtet werden, daß die Inhaltsanalyse nicht zu starr und unflexibel wird. Sie muß auf den konkreten Forschungsgegenstand ausgerichtet sein.
>
> Denn letztlich muß die Gegenstandsangemessenheit wichtiger genommen werden als die Systematik, um nicht genau in die Probleme zu geraten, in die uns einseitig quantitative Forschung geführt hat. Wenn aber solche Fallstricke beachtet werden, ist der Weg frei für sinnvolle, aussagekräftige und methodisch abgesicherte qualitative Forschung.“ (ebd., 117)[13]

13 Scheele und Groeben äußern sich ähnlich, was die Flexibilität der Struktur-Lege-Technik angeht: Scheele & Groeben 1988, 69. Vgl. auch Flick et al. 2003, 474.

Die Auswertungsmethode soll Mittel zum Zweck sein, nicht Selbstzweck. Was hier nach „anything goes“ klingen mag, ist tatsächlich eher ein „Almost-anything-goes-mit-Begründung“: Die_der Interpret_in muss stets angeben, „auf welchen Teil im Kommunikationsprozeß [sie_er ihre_seine] Schlußfolgerungen aus der Materialanalyse beziehen will" (ebd., 42).

Die qualitative Analyse ist – im Gegensatz zu einer freien Interpretation – gekennzeichnet durch „*Systematisches, regelgeleitetes Vorgehen*“ (ebd.). Das bedeutet zum einen, dass das analytische Vorgehen vorweg festgelegt ist, zum anderen, dass die zu analysierenden inhaltlichen Einheiten vorher definiert werden – unabhängig davon, *wie* beides definiert und begründet sein mag. Grundsätzlich gilt bei der qualitativen Inhaltsanalyse:

> „Die Systematik sollte so beschrieben sein, daß ein zweiter Auswerter die Analyse ähnlich durchführen kann." (ebd.)

Ich möchte hinzufügen: und dabei zu einem ähnlichen Ergebnis kommen kann.

Wie bei der quantitativen Analyse, so ist auch bei der qualitativen Inhaltsanalyse die *Bildung von Kategorien* ein wichtiger Aspekt (ebd., 43). Gemeint ist damit das Definieren bestimmter Konzepte, die für die Forschungsfrage(n) wichtig sind und denen die verschiedenen Teile des Materials zugeordnet werden, die dazu Antworten liefern. Dieses „Verschlüsseln“ oder „Übersetzen“ der Daten wird als *Codieren* bezeichnet (Flick et al. 2003, 476). Im Unterschied zur quantitativen Analyse spielt bei der qualitativen Analyse vor allem die *Begründung des Kategoriensystems* eine große Rolle. Sie trägt dazu bei, dass die Analyse von Außenstehenden nachvollzogen werden kann, dient also der „Intersubjektivität des Vorgehens“ (ebd., 43).

Bevor es an die eigentliche Analyse geht, muss das Ausgangsmaterial bestimmt werden, so Mayring.[14] Er nennt hierfür drei Schritte: Zunächst muss das *Material festgelegt* werden, welches ausgewertet werden soll. Außerdem muss die *Entstehungssituation* reflektiert werden, d. h., es „muß genau beschrieben werden, von wem und unter welchen Bedingungen das Material produziert wurde“ (ebd., 47). Drittens muss angegeben werden, *welcher Art* das zu analysierende Material ist (ebd.). Auch die *Fragestellung*, unter der das Material analysiert werden soll, muss

14 Ich fasse dieser Stelle Mayrings Darstellung nur kurz zusammen und verweise für eine ausführlichere Erläuterung auf das Original: Mayring 2008, 46ff.

vorher festgelegt werden (ebd., 50). Schließlich müssen die *Analyseeinheiten* bestimmt werden, bevor eine der verschiedenen Techniken der qualitativen Inhaltsanalyse auf das Material angewendet wird:[15]

> „- Die *Kodiereinheit* legt fest, welches der kleinste Materialbestandteil ist, der ausgewertet werden darf, was der minimale Textteil ist, der unter eine Kategorie fallen kann.
>
> - Die *Kontexteinheit* legt den größten Textbestandteil fest, der unter eine Kategorie fallen kann.
>
> - Die *Auswertungseinheit* legt fest, welche Textteile jeweils nacheinander ausgewertet werden." (ebd., 53)[16]

Da meine Interviews sowohl von der Textmenge als auch von der inhaltlichen Themenspannweite her sehr umfangreich ausfielen, stütze ich mich bei meiner Auswertung auf eine Variante der qualitativen Inhaltsanalyse, die Mayring als *Inhaltliche Strukturierung* bezeichnet (ebd. 89). Sie ist deshalb geeignet, weil sie dazu dient, „bestimmte Themen, Inhalte, Aspekte aus dem Material herauszufiltern und zusammenzufassen" (ebd.). Diese Art der Strukturierung sieht zehn Schritte bei der Vorgehensweise vor (vgl. ebd.). Ebenfalls aus Platzgründen habe ich die Übersicht über die zehn Schritte in den Anhang gestellt (siehe S. 115).

1.6 Eigene Vorgehensweise

1.6.1 Erhebung der Daten

Wie es die Struktur-Lege-Technik nach Scheele und Groeben vorsieht, entwickelte ich für die Umsetzung der Forschung zunächst einen Leitfaden für ein halbstandardisiertes Interview. Ich überlegte mir zuerst, welche Aspekte aufschlussreich dafür sein könnten, warum eine Zuschauerin gerne Horrorfilme schaut. Daraufhin habe ich Fragen entwickelt, von denen ich annahm, dass sie die Interviewte dazu anregen würden, mir über diese Aspekte Auskunft zu geben (vgl. *theoretische Vorannahmen*, S.19). Diese Aspekte lassen sich in drei Kategorien fassen, innerhalb derer es verschiedene untergeordnete Gesichtspunkte gibt, wobei eine Frage für verschiedene Aspekte zugleich relevant sein kann:[17]

1. *Bedeutung* der Horrorfilme für die Zuschauerin: Definition, Vorlieben, Ein-

15 Dies dient der bereits erwähnten Intersubjektivität (vgl. ebd. 53).
16 Für eine Übersicht zum allgemeinen Ablauf einer qualitativen Inhaltsanalyse siehe: ebd., 54.
17 Der komplette Interview-Leitfaden befindet sich im Anhang auf S. 117f.

stieg, Nutzen, Ästhetik, Identitätsbildung

2. *Sozialer Kontext*: Rezeptions-Kontext, Alter, Zugang, Ausbildung, Zukunftspläne, Familie, Freunde, Freizeit, Geschlechtsspezifika
3. Bedeutung von *Film allgemein* für die Zuschauerin: Rezeptions-Kontext

Diese Aspekte tauchen zum Großteil später in der Auswertung in Form von Kategorien wieder auf (vgl. S. 28).

Bei einer solch offenen Herangehensweise überrascht es nicht, dass sich bei der Analyse nicht sämtliche Fragen/Antworten eines Interviews als relevant für meine grundlegende Forschungsfrage erwiesen. Dafür kam an anderer Stelle viel Material zu einem Thema zusammen, welches ich im Vorfeld nicht bedacht hatte. Dies zeigt, dass ein Leitfaden-Interview – trotz der damit einhergehenden Vorannahmen seitens der Forscher_innen – den Interviewpartner_innen genügend Raum lässt, für sie wichtige Themen einzubringen: Dass das Thema „Humor" eine Rolle spielen könnte, hatte ich bei der Entwicklung des Interview-Leitfadens zum Beispiel nicht im Sinn. Es wurde jedoch in einigen Interviews mehrmals zur Sprache gebracht, woraufhin ich nachhakte und diesen Aspekt schließlich mit in das *Kapitel 4* aufnahm und ihm einen eigenen Abschnitt widmete (S. 60). Gleiches gilt für die Reflexion des Films und den Austausch darüber (*Kapitel* 5.3, S. 95). Umgekehrt förderte zum Beispiel meine Frage nach dem Einstieg der Zuschauerinnen in das Genre Horrorfilm zwar ganz interessante und teilweise amüsante Anekdoten zutage. Diese gaben jedoch keinen Aufschluss darüber, warum sich meine Interviewpartnerinnen gerne Horrorfilme ansehen und so habe ich diesen Teil, den ich gedanklich bereits als ein eigenes Kapitel betrachtet hatte, gestrichen.

Die *Auswahl meiner Interviewpartnerinnen* ist vor allem einer Reihe von glücklichen Zufällen zu verdanken und fand nach keinen weiteren Kriterien statt, als „weiblich" und „schaut gerne Horrorfilme". Ich ging zunächst davon aus, dass ich vor allem Teenager interviewen würde, da ich den Eindruck hatte, dass vor allem Jugendliche Horrorfilme schauen. Letztlich war die Gruppe der von mir interviewten Zuschauerinnen in Hinblick auf das Alter jedoch heterogener.[18] Bevor ich sie

18 Näheres dazu, wie ich meine Interviewpartnerinnen kennenlernte, siehe *Kapitel 2*, S. 31ff. Die Entscheidung, mich bei der Auswahl der Interviewpartnerinnen in Bezug auf das Alter nicht einzuschränken, erwies sich als richtig. So bekam ich durch Reiko nämlich einen Eindruck davon, was es heißt, bereits auf eine längere und vor allem recht bewegte Biografie als Hor-

befragte, traf ich mich mit (fast all) meinen potentiellen Interviewpartnerinnen zu einem Vorgespräch.[19] Dies diente grundsätzlich dem gegenseitigen Kennenlernen, sowie dazu, mein Anliegen und die Methode vorzustellen. Immerhin würde die Struktur-Lege-Technik mit mindestens zwei Treffen auch für die Interviewten eine zeitintensive Angelegenheit. Ich wollte daher vorher klären, ob sie bereit wären, sich auf diese Technik einzulassen, was glücklicherweise bei allen der Fall war.

Die Interviews fanden einzeln statt, an unterschiedlichen Orten: mal bei meiner Interviewpartnerin, mal bei mir, mal in einem Café. Mit Emily traf ich mich in dem Mädchentreff, über den wir uns kennen. Im Anschluss an das Interview habe ich den Befragten den Leitfaden für die Struktur-Lege-Technik gegeben, damit wir die Technik bei einem zweiten Treffen würden anwenden können.

Im Anschluss an die jeweiligen Interviews habe ich selbige – ganz, wie die Methode es vorsieht – *zeitnah transkribiert*, *Konzepte* aus den so entstandenen Texten herausgefiltert und auf die entsprechenden *Karten* geschrieben (vgl. S. 20). Anschließend legte ich, ebenfalls gemäß des Leitfadens von Scheele und Groeben, eine *Struktur*, so wie ich die Subjektive Theorie der jeweiligen Interviewpartnerin verstand und *hielt diese fest*.[20]

In der Regel begann das zweite Treffen damit, dass wir den *Leitfaden für die Struktur-Lege-Technik gemeinsam besprachen*.[21] Die Zeichen wurden nicht immer korrekt im Sinne der Autor_innen verwendet. Da die Strukturen aber nicht bloß gelegt,

---

rorfilm-Zuschauerin zurück blicken zu können.

19 Das Vorgespräch mit Amanda und Reiko kam ganz spontan zustande – als Reiko mir nämlich von sich aus anbot, mir ein Interview zu geben und ihre Freundin, Amanda, die dabei war, gleich mit „überredete". Alice und Angela wohnen nicht in Bremen. Unser „Vorgespräch" fand per Mail statt, so dass wir uns zum Interview überhaupt das erste Mal begegneten.

20 Ich habe dabei allerdings darauf verzichtet, beim Verlag die Original-Karten zu bestellen und stattdessen diese selbst angefertigt – was sich als recht zeitaufwändig herausstellte, da mein Prototyp, der aus von mir mit Hand beschriebenen Karteikarten bestand, sich bei der Dokumentation meiner Legung (sprich: dem Abfotografieren) als zu platzraubend herausstellte. Die so entstandene erste Struktur war viel zu groß, als dass sie auf ein Foto gepasst hätte – jedenfalls, solange man sie in einem Raum legt, in dem man mit der Kamera nicht beliebig großen Abstand zur Legung einnehmen kann. Schließlich fertigte ich die Struktur am Computer an, was ebenfalls zeitaufwändig war, da diese dann wiederum ausgedruckt und wieder in einzelne Karten zerschnitten werden musste, damit meine Interviewpartnerinnen ihre eigene Struktur legen konnten.

21 Katrina hatte keinen Klärungsbedarf: sie fing sofort an, eine Struktur zu legen.

sondern auch besprochen wurden, habe ich mich dafür entschieden, im Zweifelsfalle dem Verständnis meiner Interviewpartnerin zu folgen, anstatt die Regeln zu forcieren. Das verstehe ich als Beitrag dazu, eine möglichst gleichberechtigte Sprechsituation zu schaffen.

Dann legte ich meiner Interviewpartnerin die formulierten Karten mit den Konzepten vor und *ließ mir bestätigen, dass ich sie richtig wiedergegeben* hatte, bzw. *wir änderten gemeinsam Formulierungen und fügten Karten hinzu,* wo es notwendig war.[22] Z. B. wurde in einigen Interviews der Begriff „in Gesellschaft allgemein" hinzugefügt, wenn es um die Rezeptionssituation ging. Ich hatte zwar die beiden Begriffe „mit Frauen" und „mit Männern" auf Karten geschrieben, jenes allgemeine Konzept aber entweder vergessen oder übersehen.[23] Nachdem auch meine *Interviewpartnerin mittels der Konzept- und Beziehungs-Karten eine Struktur gelegt* hatte, die die verschiedenen, von ihr im Interview entwickelten Konzepte zueinander in Beziehung setzte, ließ ich mir diese von ihr erläutern, um sicher zu gehen, dass ich sie richtig interpretierte. Anschließend *verglichen wir unsere beiden Struktur-Legungen,* wobei ich meine ebenfalls erklärte. Meine Interviewpartnerin hatte nun noch einmal die Gelegenheit, ihre *Struktur zu überarbeiten* – sofern sie dies für nötig hielt. Gegenüber diesem letzten Punkt war ich vor den Interviews durchaus skeptisch eingestellt: Kann das Herstellen einer Idealen Sprechsituation überhaupt gelingen? Würde die Interviewte sich meiner Sicht, aufgrund meines Status als Wissenschaftlerin, nicht einfach anschließen? Die Autor_innen schreiben hierzu, dass in der Praxiserfahrung mit der Struktur-Lege-Technik noch nie der Fall eingetreten sei, dass das Resultat nach der Einigung mit der Struktur des_der Forscher_in_s identisch war (Scheele & Groeben 1988, 65). Auch in meinem Fall bewahrheitete sich die Befürchtung nicht. Meistens sahen unsere Strukturen formal unterschiedlich aus, stellten sich nach der Besprechung jedoch größtenteils als inhaltlich sehr ähnlich heraus. In vier Fällen blieben die Interviewten nach dem Vergleich bei ihrer ursprünglichen Legung (Emily, Alice, Amanda, Reiko). Nach diesem zweiten Treffen habe ich die graphisch dargestellten Subjektiven Theorien *verbalisiert* (vgl. S. 21).[24]

22 Dies geschah nicht immer bevor meine Interviewpartnerin ihre Struktur legte, sondern manchmal erst währenddessen oder gar erst beim Vergleich unserer Strukturen.

23 Ein Beispiel dafür, wie tief die Überzeugung, dass es zwei Geschlechter gibt, verwurzelt ist.

24 Die Legungen und ihre Verbalisierungen, sowie die Transkripte der Interviews selbst befin-

1.6.2 Vorteile und Grenzen der Struktur-Lege-Technik

Die Struktur-Lege-Technik als Dialog-Konsens-Methode bewährte sich größtenteils für mein Vorhaben, jedoch musste ich sie in einigen Punkten anpassen.

Die Struktur-Lege-Technik hatte den Vorteil, dass meine Interviewpartnerinnen und ich so *das Interview gemeinsam auswerteten*. Dadurch bekamen einerseits meine Interviewpartnerinnen Gelegenheit ihre *Gedanken zu präzisieren*, andererseits konnte ich mich *rückversichern*, sie richtig verstanden zu haben. Darauf darf nicht verzichtet werden beim ernsthaften Bemühen, die Perspektive der Zuschauer_innen ins Zentrum einer Forschung zu stellen. Der *Vorteil* einer formalen/logischen Darstellung der Äußerungen meiner Interviewpartnerinnen liegt auf der Hand: sie schafft *Klarheit und Übersichtlichkeit*. Es gibt jedoch auch einen *Nachteil*: die *Sprache der Interviewten geht verloren*. Da ich auf diese bei meinem Versuch, ihre Perspektive sichtbar zu machen, nicht verzichten wollte, kehrte ich bei der Auswertung des Materials zu den Interview-Transkripten zurück.[25]

1.6.3 Auswertung

Das *Material*, auf das ich mich bei meiner Auswertung beziehe, sind hauptsächlich die Transkripte der sieben Interviews, die ich von April bis Juni 2010 geführt habe. Implizit gehören auch die Struktur-Legungen sowie deren Verbalisierung zum Corpus. Sie spielen letztlich für die Darstellung der Ergebnisse in dieser Studie jedoch eine untergeordnete Rolle. Bei der *Art des Materials* handelt es sich um Texte und graphische Darstellungen. Über die *Entstehungssituation*, vor allem das „Wer spricht?“, geben meine Kurzportraits in *Kapitel 2* (S. 35ff) Aufschluss. Die übergeordnete *Fragestellung*, unter der ich das Material untersucht habe, ist, „Warum schauen Frauen gerne Horrorfilme?“. Die Frage ist nicht dahingehend zu verstehen, dass sie einen Vergleich von „männlicher“ und „weiblicher“ Perspektive anstrebt, es geht also nicht darum, inwiefern das Frausein die Lust meiner Interviewpartnerinnen am Horrorfilm beeinflusst. Die Frage zielt vielmehr darauf ab, in Erfahrung zu bringen, was ein Teil des Publikums, auf den das Attribut „weiblich“ zutrifft und welcher aufgrund dieses Attributs häufig gar nicht als

den sich aus Platzgründen nicht im Anhang, können aber bei der Autorin angefragt werden.

25 Auch die Struktur-Legungen und deren verbalisierte Formen (= die Subjektiven Theorien) können zur Einsicht angefragt werden.

Zielgruppe wahrgenommen wird, am Genre Horrorfilm schätzt.

Was die *Analyseeinheiten* betrifft, so besteht eine *Kodiereinheit* auf der *verbalen Ebene* aus unvollständigen Sätzen und sogar einzelnen Wörtern, da z. B. Zustimmung/Ablehnung (zu) einer Aussage bereits durch „Ja"/"Nein" signalisiert werden kann:

> „**I:** Also, es verbindet sozusagen ein bisschen (Angela: Ja, genau), dass man gemeinsam Angst hat." (Angela, 00:17:25-6)

Auf der *nonverbalen Ebene* lässt sich schwer von Größe sprechen, doch auch Lachen, Stottern, schnelles Reden, etc. können etwas über die Bedeutung eines Inhalts aussagen, sind daher als Kodiereinheiten zugelassen:

> „[...] Und . das finde ich, ist dann fast schon eher so eine Porno-Geschichte, so, weißt du, so ein bisschen .. , weil die Mädchen dann auch immer weiße Oberteile anhaben, die dreckverschmiert sind und durchgeschwitzt oder mit irgendwie Wasser übergossen, mega die kurzen Röcke anhaben und dann wegrennen vor irgendwelchen Männern, so. [...]" (Emily, 00:05:30-5)

Bereits am Schriftbild wird durch die vielen Unterstreichungen, die Betonung in der Aussprache symbolisieren, deutlich, mit wie viel Nachdruck Emily hier spricht – weil sie das Thema berührt (mehr dazu: S. 52). Auf der Tonaufzeichnung fällt darüber hinaus auf, dass Emily, hier noch schneller als gewöhnlich spricht, was ebenfalls auf die Bedeutsamkeit des Themas für sie hindeutet.

Eine *Kontexteinheit* festzulegen ist in diesem Fall nicht sinnvoll, da dies hier entweder in unnötigen Einschränkungen (bei zu klein gewählten Einheiten) oder in Beliebigkeit (bei Festlegung auf das ganze Interview als Kontexteinheit) resultieren würde. Eine *Auswertungseinheit* besteht aus allen Textteilen, die unter eine Kategorie fallen.

Die *Kategorien*, die ich aus dem Interviewmaterial gebildet habe, wurden z. T. im Vorfeld implizit durch die *theoretisch geleiteten Fragestellungen* in das Material hineingetragen. Z. B. ging ich vor den Interviews von der Annahme aus, dass der Rezeptions-Kontext Aufschluss geben könnte über die Bedeutung von Horrorfilmen für die Zuschauerin. Daraufhin habe ich mir Fragen überlegt, welche die Interviewpartnerin dazu anregen sollten, mir über ihren Rezeptionskontext zu geben, z. B.: „Schaust du alleine Horrorfilme oder mit anderen? Worin bestehen die Unterschiede?" Es ist wenig erstaunlich, wenn anschließend bei der Durchsicht der

Interviews dann der Rezeptions-Kontext als eine Kategorie herausgefiltert wird.

Bereits durch die Struktur-Lege-Technik und auch das anschließende (Re-)Verbalisieren der Strukturen werden die Aussagen der Interviewten einerseits *Kategorien zugeordnet und zugleich paraphrasiert.*[26] Diese Vorarbeit diente mir als *Orientierung* bei der anschließenden Aufbereitung des Materials. Dennoch habe ich mich für die Analyse selbst, wie bereits erwähnt, wieder den Transkripten zugewandt. Ich habe diese *gesichtet* und dabei *codiert,* indem ich *Kontexteinheiten einer Kategorie zugeordnet* habe. Ich habe dafür ganz konkret nach bestimmten Schlüsselbegriffen gesucht, sowie Kontexteinheiten berücksichtigt, die diese Begriffe nicht enthielten, inhaltlich aber passend waren. Folgende Aussage von Emily z. B. habe ich der (Unter-)Kategorie „Anteilnahme" zugeordnet, weil es genau darum geht, obwohl sie den Begriff nicht wörtlich nennt:

> „. Der Nervenkitzel dabei und dieses . (.) dieses, dass du den guckst und da ist ja dieser Spannungsbogen und ich finde halt, dass der beim Psycho-Thriller am . besten halt zur Geltung kommt, weil du halt die ganze Zeit da sitzt und so du merkst richtig, wenn (.) ja, wenn das Monster jetzt aus der Ecke springt, danach merkst du richtig, wie auf einmal diese ganzen Muskeln, die du vorher angespannt hast, sich wieder entspannen und das ist irgendwie dieses Gefühl (.) ., ja, mitten drin zu sein, aber eigentlich doch sicher zu sein und nicht . so in Gefahr zu sein, wie die da drin, aber man sich trotzdem in diese Situation reinversetzen kann [...]" (Emily, 00:03:58-0)

Im darauffolgenden Zitat von Katrina taucht der Begriff, den ich hier als (Unter-)Kategorie „mitraten" gebildet habe, wörtlich in der zitierten Passage auf (siehe S. 44).

Ich habe die Texte nicht nur in Bezug auf meine Fragestellung codiert, sondern der Übersichtlichkeit halber ganz allgemein im Rand der Transkripte vermerkt, worum es in einem Textabschnitt geht. Anschließend habe ich *überprüft, welche Kategorien relevant sind* für die Beantwortung der Frage nach der Bedeutung von Horrorfilmen für die Zuschauerinnen. Dann habe ich eine *Tabelle* angefertigt, mit den Achsen „Kategorie" und „Zuschauerin".[27] In die Zellen habe ich die dazu pas-

---

26 Ich habe keine Zusammenfassungen der kompletten Interviews geschrieben, was häufig die Bedeutung von „Paraphrasieren" zu sein scheint. Vielmehr habe ich lediglich in knappen Stichpunkten, sei es am Seitenrand oder in der Tabelle, vermerkt, worum es im Groben geht. Codieren, Kategorisieren und Paraphrasieren fallen so in meinem Material häufig zusammen.

27 Um den Anhang dieser Veröffentlichung nicht unnötig aufzublähen, wird diese Tabelle dort nicht aufgeführt. Sie kann auf Anfrage bei der Autorin eingesehen werden.

senden Aussagen der Interviewpartnerinnen in paraphrasierter/codierter Form eingetragen. Daraufhin habe ich die *Aussagen innerhalb einer Kategorie nach Ähnlichkeit geordnet* (skaliert). Auch die *Kategorien* selbst habe ich geordnet, indem ich sie *zueinander in Bezug gesetzt* habe. Aus der so entstandenen Struktur der Kategorien ergaben sich die Kapitel und ihre Reihenfolge. Aus der Ordnung der Kontexteinheiten innerhalb einer Kategorie ergab sich der inhaltliche Aufbau eines Kapitels.

Der Vorgang der Auswertung verlief *zirkulär*, d. h. das Niederschreiben der Ergebnisse, welches auf der durch die Tabelle entstandenen Struktur aufbaute, stellte zugleich eine erneute *Überprüfung der Kategorien* auf ihre Relevanz hin dar. Dies wiederum führte dazu, dass Kategorien teilweise *aussortiert* und/oder die Struktur *neu geordnet* wurden.[28] Die Haupt-Kategorien (Definition, Faszination, Rezeptionssituation) bilden die *Kapitel 3, 4* und 5 des Hauptteils. Unter-Kategorien sind je nach Länge des Abschnitts, in dem sie behandelt werden, entweder Unterkapitel oder als Begriffe kursiv im Text hervorgehoben.

28 Auch diese Struktur, welche den Aufbau der Untersuchung nach Kategorien wiedergibt und die Schlussfassung der schriftlichen Darlegung abbildet, ist aus Platzgründen nicht im Anhang aufgeführt, kann aber ebenfalls bei der Autorin angefragt werden.

2 Darf ich vorstellen?

Bevor ich die verschiedenen Themen bespreche, um die die Interviews kreisten, darf ich als Ethnologin natürlich nicht vorenthalten, wer spricht, und so füge ich sowohl Kurzporträts meiner Interviewpartnerinnen als auch eine Selbstbeschreibung an. Ein noch lebhafterer Eindruck von meinen Interviewpartnerinnen entsteht hoffentlich beim Lesen der Studie.

Emily

> „Wenn ich Horrorfilme gucke, kann ich meine Füße nicht auf dem Boden haben." (Emily, 00:03:58-0)

Emily ist 18 Jahre und geht aufs Gymnasium. Was Horrorfilme angeht, schaut sie am liebsten Psycho-Thriller und mag es nicht, wenn Übernatürliches im Spiel ist. [29] Ihren ersten Horrorfilm hat sie im Alter von zehn Jahren bei einer Übernachtungsparty mit Freundinnen (darunter auch Katrina) geschaut. Es war *Scream*. Emily schaut in verschiedenen Konstellationen Horrorfilme, auch alleine, wenn ihr ein Film wirklich wichtig ist. Ansonsten schaut sie gerne amerikanische Kriminserien oder Reality-Soaps. Emily arbeitet nebenher in einem Mädchentreff. Dort haben wir uns kennengelernt und auf einem gemeinsamen Filmabend sprach Emily den Satz aus, der mich auf das Thema dieser Arbeit brachte: „Ich schaue privat eigentlich nur Horrorfilme." Emily ist befreundet mit Katrina. Sadako ist ihre Schwester. Emily verbringt ihre wenige Freizeit gerne mit ihren Freund_innen, ihrem Freund und mit dem Zeichnen.

Alice

> „Ich mixe das irgendwie immer so mit Action." (Alice, 00:00:48-3)

Alice ist 17 Jahre und geht auf eine Waldorf-Schule. Sie schaut Horrorfilme mit

29 Vielleicht geht es der_dem ein oder anderen Leser_in wie mir und er_sie stutzt zunächst und fragt: Sind Psycho-Thriller Horrorfilme? Beim Anhören/Durchlesen der Beschreibungen und Beispiele, die Emily hierzu gibt, bekam ich jedoch den Eindruck, dass wir beide ein ähnliches Verständnis von Horrorfilmen haben, dass meine Irritation lediglich daher rührte, dass ich (bisher) Thriller nicht als Horrorfilme eingeordnet habe. Auf Definitionsschwierigkeiten gehe ich im Kapitel „Alles, wo man Angst kriegt oder so" – Definitionen des Horrorfilms ein.

Freund_innen. Angefangen hat sie damit vor ungefähr eineinhalb Jahren, als sie mit ihrer Familie umgezogen ist. An ihren ersten Horrorfilm kann Alice sich nicht genau erinnern, aber daran, dass *Der mit dem Wolf tanzt* ihr als Kind Angst machte. Ihr Lieblings-Filmgenre ist allerdings nicht der Horror-, sondern der Actionfilm. Außerdem schaut sie gerne Serien. Alice verbringt ihre Freizeit mit Tanzen (Zeitgenössisch und HipHop), Freund_innen, ihrer Familie und im Internet. Alice ist die Schwester von Angela. Der Kontakt zu beiden hat sich durch die Partnerin ihres Vaters ergeben.

Amanda

> „Ich glaube, ich werde gerne geschockt, weil mich nicht so viel schocken kann." (Amanda, 00:03:14-6)

Amanda ist 27 Jahre alt und hat verschiedene Jobs. Sie arbeitet viel in einer Kneipe und in einem „StopShop".[30] Ihr erster Horrorfilm war *Der weiße Hai*, ein Film, der ihr, wie sie selbst sagt, bis heute noch Angst macht. Damals war sie, schätzt Amanda, ungefähr sieben oder acht Jahre jung. Sie hat erst wieder mit ungefähr 18 Jahren angefangen, Horrorfilme zum Vergnügen zu schauen. Heute zählt Amanda vor allem die *Saw*-Filme zu ihren Lieblingsfilmen, aber auch z. B. *Es*. Was sie nicht so gerne mag, sind Zombie-Filme. Sie schaut sowohl mit Freund_innen als auch alleine Horrorfilme. Was andere Filmgenres betrifft, schaut Amanda gerne „schlechte Action-Filme" (Amanda, 00:00:49-4) und Dramen, im Fernsehen guckt sie gerne Serien. Amanda sagt von sich selbst, dass sie viel fernsieht. Außerdem geht sie in ihrer Freizeit gerne ins Fitnessstudio. Den Kontakt zu Amanda habe ich über Reiko bekommen, die mit ihr befreundet ist. Die beiden schauen öfters gemeinsam Horrorfilme.

Reiko

> „Für einen Außenstehenden ist es vielleicht nur so 'Öh, was gucken die da für 'ne kranke Scheiße? Die können doch nicht ganz dicht sein und die müssen doch gestört sein', . (.) Das ist für mich aber nicht so (.) vielleicht gibt es solche Leute bei denen das so ist,

30 So die Eigentitulierung des Ladens, der eine Art Mischung aus Kiosk und Steh-Café ist.

aber . das ist schon genauso ein Filmgenre, wie alle anderen auch und das kann man nochmal in ganz viele Bereiche unterteilen und (.) das hat irgendwie einen Grund, warum Leute so was gucken und das hat auch eine Geschichte und das finde ich irgendwie auch interessant, so." (Reiko, 01:01:02-6)

Reiko ist 33 und Sozialpädagogin. Ihr erster Horrorfilm war entweder *Der weiße Hai* oder *Poltergeist*, da ist sie sich nicht ganz sicher. Das erste Mal bei einem Film gegruselt hat sie sich bei *E.T.* Reiko bekam schon sehr früh die Erlaubnis von ihren Eltern, Horrorfilme zu gucken, was sie aus ihrer heutigen Sicht nicht gut findet. Ihre Strategie damals: gruselige Filme immer wieder anzusehen (tagsüber, z. B. beim Aufräumen), damit sie ihre Wirkung verlieren. Als Kind hat sie vor allem mit ihrem Vater Horrorfilme mitgeschaut, als Jugendliche mit Gleichaltrigen, wobei es in beiden Fällen nicht zuletzt um Anerkennung ging, so Reiko selbst. Nachdem sie mit Anfang 20 negative Auswirkungen des Horrorfilme-Schauens an sich selbst feststellte, hörte Reiko damit bis auf wenige Ausnahmen auf. Sie schaut erst seit ca. ein oder zwei Jahren wieder Horrorfilme. Ansonsten bezeichnet sich Reiko als „Serien-Junkie" und sie mag skandinavische Filme, Komödien (wovon es, wie sie findet, leider nur wenige gute gibt), aber auch experimentellere Filme und gelegentlich auch „Trashiges".[31] Wir kennen uns über die Arbeit.

Angela

„Wenn man sich gruselt, da zieht man sich nicht zurück in sich, sondern [...] man bewegt sich auch [...]. Dann ist das nicht so, dass man einfach nur da sitzt oder so. Man tut was. @(.)@." (Angela, 00:18:31-3)

Angela ist 14 Jahre alt, geht auf eine Waldorf-Schule und möchte Abitur machen. Wenn sie Liebeskummer hat, sagt sie, sieht Angela lieber einen Horror- als einen Liebesfilm. An ihren ersten Horrorfilm kann sie sich nicht erinnern, aber sie fand als Kind *Pippi Langstrumpf* gruselig. Angela mag Horrorfilme, in denen Johnny Depp mitspielt. Sie schaut fast ausschließlich mit Freund_innen Horrorfilme. Was andere Filmgenres angeht, sagt Angela, habe sie keine Präferenzen. Angela spielt

31 Dieser Ausdruck wird nicht nur in Bezug auf Horrorfilme verwendet, wenn etwas (meist aus der Vergangenheit) so schlecht ist, dass es dadurch einen oft unfreiwilligen Unterhaltungswert gewinnt.

gerne Theater, Klavier und Geige und sie schreibt Kurzgeschichten. Mit ihrer Schwester, Alice, schaut sie vor allem Action-Filme. Den Kontakt zu Angela für das Interview hat mir eine Bekannte hergestellt.

Sadako

> „Die einen lachen gerne, (.) die anderen weinen gerne (.) und die anderen gruseln sich gerne - fertig." (Sadako, 00:58:25-4)

Sadako ist 24 und ausgebildete Mechatronikerin. Wie viele Horrorfilme sie schaut, hängt davon ab, was im Fernsehen bzw. Kino läuft. Es können bis zu zwischen zehn und zwölf Horrorfilme im Monat sein. Sie schaut besonders gerne Horrorfilme, in denen Geister oder Zombies vorkommen. Ihre ersten Horrorfilme hat Sadako im Grundschulalter heimlich nachts im Fernsehen geschaut. Sadako analysiert gerne die Filme, die sie sich anschaut, liest sich teilweise auch Hintergrundinformationen an und diskutiert beides gerne mit anderen. Auf ihren Vorschlag hin haben wir uns gemeinsam einen Horrorfilm im Kino angesehen (*The Crazies*, ein Remake des gleichnamigen Romero-Films) und sie lieh mir darüber hinaus einige Horror-Comics aus. Zwei andere Filme, die Sadako mag, die nicht zum Horrorgenre gehören, sind *Mulan* und *Stolz und Vorurteil*. Ansonsten strickt und bastelt Sadako gerne in ihrer Freizeit. Sadako ist die ältere Schwester von Emily, die uns für das Interview zusammengebracht hat.

Katrina

> „[...] [B]ei Mädchen ist das nicht schlimm, wenn man Angst hat oder sich halt so rumkreischt, oder so. Das ist total erlaubt, das ist sogar eigentlich das Lustige daran, weil, wenn einer kreischt, müssen alle kreischen und @(danach muss man wieder lachen)@. [...]" (Katrina, 00:07:45-4)

Katrina ist 18 und geht auf ein Wirtschaftsgymnasium. Sie bevorzugt Horrorfilme mit psychologischem Hintergrund. Sie ist mit Emily befreundet, mit der sie auch ihren ersten Horrorfilm geschaut hat. Katrina schaut vor allem mit Emily und anderen Freundinnen Horrorfilme. Allgemein schaut sie eher wenig im Fernsehen oder Kino. Mit ihrem Freund sieht Katrina sich zwar auch Horrorfilme an, aber lieber schauen sie Filme mit geschichtlichem Hintergrund, vor allem aus der Nachkriegszeit. Katrina arbeitet - zusammen mit Emily - nebenher in einem Mädchentreff und gibt Nachhilfe. Sie schreibt außerdem gerne. Vom Sehen kannten Katrina und ich uns über den Mädchentreff, den Kontakt für das Interview hat mir Emily vermittelt.

I - Solveig

Ich bin 27, in einer hessischen Kleinstadt aufgewachsen, zum Studium der Kulturwissenschaft und der Philosophie in den deutschen Norden gezogen und nach erfolgreichem Abschluss noch nördlicher. In Bezug auf Horrorfilme unterschreibe ich gerne den Satz, der mehr oder weniger wörtlich in jedem Interview gefallen ist: „Die Story muss gut sein." Wie Emily bin ich gerne im Filmgeschehen „drin" und finde es interessant, mich dabei zu ertappen, wie stark der Körper reagieren kann, selbst wenn der Kopf sagt, „Es ist doch nur ein Film". Ich bin ebenfalls, wie auch Reiko, genervt von Filmen, die bloß Formeln befolgen und Stereotype reproduzieren – besonders (aber nicht nur) was die Geschlechter-Rollen angeht. In dieser Hinsicht sehe ich, wie Sadako, beim Horrorfilm viele Möglichkeiten, diese Formeln und Klischees infrage zu stellen oder gar zu durchbrechen – vor allem, weil dieses Genre durch seinen schlechten Ruf zumindest den Vorteil hat, sich mehr erlauben zu können, was Brüche sowohl mit sozialen Normen als auch filmischen Konventionen angeht. Wie Alice habe ich erst recht spät angefangen Horrorfilme zu schauen. Mein erster Horrorfilm war *Scream*. Ich war 14 und habe ihn mit einer Freundin im Kino gesehen, in dem vagen Bewusstsein, dass dieser Film kein „richtiger" Horrorfilm, sondern eine Hommage/Persiflage war. Erschreckt habe ich mich trotzdem. Wie Alice, Reiko und Angela habe ich allerdings Erinnerungen an einen Film aus der Kindheit, der mich weitaus mehr gruselte: *Kevin allein in New York*. Ich kann, wie Amanda, „schlechten" oder „trashigen" Horrorfilmen durchaus etwas Humoriges abgewinnen – und kann wie sie schlechte Synchronisation nicht ausstehen. Wie Reiko interessieren mich die Hintergründe und Entwicklungsgeschichten von (Horror-)Filmen und die Beweggründe, die Menschen haben, sie sich anzusehen. Ich stimme Angela zu, dass es ein intensiveres Filmerlebnis ist, sich gemeinsam einen Horrorfilm anzusehen als eine Komödie. Wie Sadako bin ich überzeugt, dass es nicht „natürlich männlich" ist, Gefallen an Horrorfilmen zu finden, sondern sozial bedingt. Wie Katrina meine ich, dass wir Dinge gerne tun, obwohl wir Angst haben, solange wir wissen, dass uns eigentlich nichts passieren kann – und dass Horrorfilme zu schauen eines dieser Dinge ist.

3 „Alles, wo man Angst kriegt oder so“ – Definitionen des Horrorfilms

„When Freddy Krueger says 'you are all my children now', he doesn't mean me. Some kid out there has grown up with Freddy and Jason rather than Dracula and Frankenstein [...]. Some day, I hope that kid will write a book sub-titled 'A Critical History of the Horror Film, 1988-2008' that contradicts everything you're about to read.“ – Kim Newman in seiner Einleitung zu *Nightmare Movies: a critical guide to contemporary horror films* (Newman 1988, xiif)

3.1 Allgemein

Um überhaupt darüber sprechen zu können, welche Bedeutung der Horrorfilm für meine Interviewpartnerinnen hat, musste zunächst geklärt werden, was sie unter dem Begriff „Horrorfilm“ verstehen. Denn wie ich aus eigener Erfahrung wusste und wie es auch die wissenschaftliche Literatur zu diesem Thema bestätigt, lässt sich dieses Genre (wie vermutlich die meisten Filmgenres überhaupt) nicht auf eine universal gültige Definition festlegen.[32] Nicht nur, weil der Horrorfilm, wie Brigid Cherry konstatiert, gekennzeichnet ist durch eine große Vielfalt an „Konventionen, Plots und Stilen“ (Cherry 2009, 2), oder weil das, was von einer Generation als „essentielle Konvention des Horrors“ (Jancovich 2002b zitiert nach ebd., 2f) formuliert wird, sehr abweichen kann von dem, was die nächste Generation als solche versteht, sondern auch, weil das, „was eine Person als die definierenden Merkmale eines Horrorfilms betrachtet, in komplettem Widerspruch stehen kann zu der Klassifizierung einer anderen“ (ebd.).[33]

32 Ich habe die Frage nach der Definition bewusst an den Anfang des Interviews gestellt, da ich bereits in einem philosophischen Seminar zum Thema Horrorfilm die Erfahrung gemacht habe, dass es uns als Gruppe nicht gelang, Kriterien zu finden, die einen Film als Horrorfilm klassifizierten. Es ergab sich stets das Problem, dass das Kriterium entweder zu viele Filme mit einschloss, die wir eindeutig nicht als Horrorfilme bezeichnen wollten, oder im Gegenteil, zu strikt war, so dass Filme nicht in die Kategorie der Horrorfilme hätten gezählt werden können, obwohl sie unserer Einschätzung nach doch eindeutig mitgezählt werden müssten. Es schien ein sehr intuitives Element mit im Spiel zu sein, wenn es darum ging, zu bestimmen, ob ein Film ein Horrorfilm ist oder nicht – denn auch wenn uns eine formelle Definition nicht gelang, so fühlte sich jede_r von uns im Stande, genau dies zu tun: zu sagen, ob es sich bei einem Film um einen Horrorfilm handelte oder nicht.

33 Andrew Tudor spricht in *Monsters and mad scientists : a cultural history of the horror movie* einen weiteren interessanten Punkt an. Wie auch Cherry und Jancovich geht er davon aus, dass ein Genre keine fixe Entität ist, dessen Definition grundsätzlich von verschie-

Da ich also nicht davon ausgehen durfte, dass meine Interviewpartnerinnen alle das gleiche unter dem Begriff „Horrorfilm“ verstehen würden, geschweige denn alle das gleiche wie ich, habe ich sie zunächst gefragt, wie sie Horrorfilme definieren. Tatsächlich bekam ich Antworten, die teils ganz eindeutig im Widerspruch zueinander standen.

Die *grundlegendste Definition eines Horrorfilms*, die die meisten meiner Interviewpartnerinnen anführten, ist die, dass es sich dabei um einen Film handelt, der Angst macht und/oder erschreckt:

> „Ja, also, für mich sind alles eigentlich Horrorfilme, wo man sich gruselt, [führt Beispiele für diverse filmische Elemente von Horrorfilmen an] Halt eben alles, wo man Angst kriegt "oder so".“ (Katrina, 00:00:48-4)[34]

Wie sich im Folgenden zeigen wird, sind diese Definitionen zu vage um brauchbar zu sein und das Bild des Konsens, das hier entsteht, ist nur eine Illusion.

Für Reiko sind Horrorfilme Filme, die sie herausfordern:

> „[...] [F]ür mich sind irgendwie Horrorfilme Filme, die mich selber an Grenzen bringen, wo ich mich erschrecke, wo ich irgendwie Angstgefühle habe. [...]“ (Reiko, 00:01:47-4)

Vor allem ist der Begriff „Horrorfilm“ für Reiko ein *Überbegriff für verschiedene (Sub-)Genres* – und zwar sowohl für solche, die übernatürliche Elemente enthalten, als auch solche, die den Naturgesetzen unserer Wirklichkeit folgen:

> „Reiko: Mhm. Habe ich eben auch schon so drüber nachgedacht, weil ich mich im Kopf ein bisschen vorbereiten wollte. . Also ich (.) . fasse das eigentlich ziemlich weit. Also, es gibt ja unterschiedliche Genres [...]. Das kann mit Monstern, was Übernatürliches sein, das können aber auch Sachen sein, die eher so, die zwar für mich selber fiktiv sind, weil sie weit weg sind, weil sie mir vielleicht nicht passieren, aber die trotzdem existieren: irgendwelche Serienmörder oder irgendwelche kranken Leute, die bestialisch Menschen umbringen, was auch immer. (.) Wo ich mich grusele (.). Das sind für mich Hor-

denen Kontexten abhängt. Darüber hinaus stellt Tudor allerdings noch fest, dass ein Genre nicht nur ein bestimmter Vorrat an kulturellen Ressourcen ist, dessen sich sowohl Filmemacher_innen wie Zuschauer_innen bedienen, sondern dass jener die letzteren beiden transzendiert (Tudor 1989, 5f). Die Bedeutung des Genres geht also über die Bedeutung hinaus, die die_der einzelne Produzent_in oder Nutzer_in durch sein_ihr Verständnis und Handeln ihm beimisst. Dies wiederum bedeutet, dass sich die Kontrolle, die (Be-)Deutungsmacht, ebenfalls den Individuen entzieht, was ich für einen wahren, interessanten und auch wichtigen Punkt halte – dessen Erörterung jedoch Stoff für eine eigene Arbeit bieten würde und daher an dieser Stelle nicht weitergeführt werden kann.

34 Vgl. Emily, 00:01:20-4, Alice, 00:00:48-3, Amanda, 00:01:26-8 und Angela, 00:01:16-0.

rorfilme. .... Das ist, glaube ich, eher so ein Überbegriff für mich für unterschiedliche Genres. Also, habe ich vorhin auch nochmal so drüber nachgedacht, dass ich auch Sachen als Horrorfilme bezeichne, die vielleicht, wenn man jetzt irgendwie in einer Definition oder so guckt, gar nicht da drunter fallen, sondern explizit eine andere Be(.)grifflichk-, also unter einer anderen Begrifflichkeit irgendwie stehen.

I: (.) Zum Beispiel? Also, fällt dir was ein, (.) woran du gedacht hast?

Reiko: (.) Mhm . (4) Warte, ich hatte gerade ein ganz gutes Beispiel (3). "Ich habe eine Lücke", einen Moment. . (.) Ja, so . (.) zum Beispiel eher so Psychooo(.)-Thriller-(.)Metzel-Filme oder so, die irgendwie gar nicht so viel mit Monstern oder so zu tun haben und wenn ich das so richtig im Kopf habe, . haben Horrorfilme oft was mit so übernatürlichen Sachen auch zu tun. Also, vielleicht irre ich mich, aber (3). Was habe ich denn da in letzter Zeit so gesehen, wo ich dachte, dass ist eigentlich gar nicht richtig ein Horrorfilm? (6) "Fällt mir jetzt nicht"-" (Reiko, 00:01:47-4 bis 00:03:01-5)

Obgleich Reiko also ein sehr breites Spektrum von Filmen als Horrorfilme definiert, gibt es für sie *Filme, die sie weder eindeutig diesem Genre zuordnen*, noch ihnen die Zugehörigkeit absprechen kann:

„I: -Was würdest du sagen, ist 'Martyrs'-

Reiko: -Ja, an den habe ich zum Beispiel gerade gedacht .. Das ist für mich zum Beispiel, also, wenn ich da mal so wirklich drüber nachdenke, eigentlich ist das nicht wirklich ein Horrorfilm. (2) . Der verdient schon eine @(andere Kategorisierung)@ (beide: @(.)@). Der ist einfach wirklich mal (.) echt krass, aber (2) ich habe mich da nicht gegruselt oder (.) also, so dieser Gruseleffekt ist irgendwie für mich nicht so mit drin gewesen. Auf der anderen Seite halt so Ekelgefühle, ne? Also, (.) klassische Horrorfilme haben für mich auch eigentlich oft eher so was mit Monstern und irgendwelchen komischen Freaks und Geistern und sonst was zu tun. (.) Aber das hat sich ja auch einfach total verändert, ne, also es gibt einfach unterschiedliche (.) Generationen von Horrorfilme und (.) die Machart ist anders, die technischen Mittel (.)." (Reiko, 00:03:03-9 bis 00:04:02-0)

Das Gruseln, was für Reiko offenbar eindeutig zum Horrorfilm gehört, fehlte, weshalb sie *Martyrs* nicht als Horrorfilm bezeichnen möchte.[35] Jedoch erzeugte der

35 Die Handlung von *Martyrs* (Achtung, „Spoiler"!) besteht darin, dass eine junge Frau, die als Kind entführt und von einer Gruppe von Menschen systematisch gequält worden ist, gemeinsam mit einer Freundin zwei ihrer Peiniger aufspürt. Sie richtet diese (ein Ehepaar) und deren Kinder hin und nimmt sich anschließend selbst das Leben. Die Freundin findet im Keller des Hauses der Familie eine Anlage, in der eine weitere junge Frau, ebenfalls sichtlich gefoltert, gefangen ist. Sie befreit diese, gerät schließlich aber selbst in Gefangenschaft. Wie sich herausstellt, ist die Absicht der Gruppe mit ihren grausamen Versuchen eine Märtyrerin zu machen.

Ich habe den Film gesehen und empfinde, wie Reiko, es als problematisch *Martyrs* als Horrorfilm zu bezeichnen. Genauso problematisch erscheint es mir, dies nicht zu tun. Für mich spielt dabei zum einen eine Rolle, dass das Gruseln/Ängstigen/Erschrecken in Horrorfilmen etwas Lustvolles und somit Unterhaltsames ist. Der Schrecken oder auch die Übelkeit, die

Film starke Ekelgefühle, was für sie wiederum ein Kennzeichen von Horrorfilmen ist. So konstatiert Reiko zunächst - zwar unter Lachen, aber dennoch -, dass der Film einer eigenen (neuen) Kategorie bedürfe. Eine andere Lösung der Zuordnungsproblematik sieht Reiko darin, dass sie einerseits zwar ein gewisses Verständnis davon hat, was ein „klassischer Horrorfilm" beinhaltet (Monster, Freaks, Geister), sie andererseits aber auch der Überzeugung ist, dass der Begriff, bzw. seine Interpretation, dynamisch ist und sich im Laufe der Zeit wandelt[36]. Das würde erklären, warum Reiko Probleme hat zu bestimmen, ob *Martyrs* ein Horrorfilm ist oder nicht: er gehört womöglich einer neuen Generation an, die sich anderer Mittel bedient als die klassischen Horrorfilme, und ihr daher einfach noch nicht vertraut ist.

Emily und Sadako haben hingegen beide *sehr feste Vorstellungen* davon, was ein Horrorfilm ist und was nicht. Sie stehen zum einen im Kontrast zu Reikos Auffassung, dass „Horrorfilm" ein Überbegriff für viele verschiedene Filme ist, zum anderen widersprechen die Definitionen von Emily und Sadako einander gegenseitig. Für Emily sind Horrorfilme solche Filme, die Angst und Nervenkitzel ausschließlich in einer *realitätstreuen Filmwelt* erzeugen:[37]

> „I: Also, für dich sind Horrorfilme also dann diese Psycho- (Emily: Ja) Geschichten?
>
> Emily: Psycho-Thriller, das sind Horrorfilme und dieses mit-, oder auch-, es gibt ja auch diese Zombie-Filme und das finde ich zum Beispiel, das ist so unrealistisch. Das würde ich gar nicht so als Horrorfilm unbedingt . (.) wahrnehmen, eher als Action-Film dann

---

Martyrs (und auch andere Filme wie z. B. *Funny Games* oder *Die 120 Tage von Sodom*) auslösen, empfinde ich als ernsthaft und völlig ohne jeden Unterhaltungswert. Andererseits scheinen diese Filme in kein Genre zu passen. Der Begriff „Sozialkritische Dramen" wäre vielleicht inhaltlich treffender, aber vermutlich wäre es, was die Erwartungshaltung des Publikums angeht, sehr irreführend, würden diese Filme so beworben.

Was *Martyrs* von vielen Filmen abhebt, die einen ähnlichen Plot haben - Frau wird gefangen genommen, gequält, sie befreit sich und rächt sich an ihren Peinigern - ist das Fehlen jeglicher sexualisierter Gewalt. Diese wird (nicht nur) in Filmen, abgesehen vom voyeuristischen Aspekt, so häufig genutzt um den Zuschauer_innen zu signalisieren „etwas wirklich Schreckliches" ist passiert, dass sie bereits zu einem Klischee geworden ist. Der Geek Feminism Blog steuert zu diesem Phänomen einen interessanten Artikel bei (in Bezug auf *Massively Multiplayer Online Games* (MMOG), also Online-Video-Spiele an denen sehr viele Spieler_innen teilnehmen) - *Geek Feminism Blog 2010*, zuletzt besucht am 23.11.2010.

36 Dies bestätigt, dass Laie und Wissenschaftler_in über die gleichen kognitiven Fähigkeiten verfügen, formuliert Reiko an dieser Stelle doch die Theorie, die auch bei Jancovich und Tudor zu finden ist (vgl. Beginn dieses Kapitels, S. 37).

37 Die Begriffe „Realität" und „Wirklichkeit" sind hier sowie im Folgenden im alltagsgebräuchlichen Sinne zu verstehen, also etwa im Sinne von „Lebenswelt".

oder so.

[...]

I: Also . sozusagen diese Zombie-Filme, alles, die diese unrealistischen (.) . Aspekte haben, die (.) haben nicht so die Wirkung bei dir, weil du dir sagen kannst 'Ach, das gibt's ja nicht'?

Emily: Genau. Die finde ich auch gar nicht angsteinflößend, eher lächerlich um ehrlich zu sein.“ (Emily, 00:06:46-9 bis 00:07:42-4)

Für Sadako hingegen gehören Filme mit psychologischem Hintergrund einem eigenen Genre an. Sie bezeichnet Horrorfilme als *Filme, bei denen es um Übernatürliches geht*:

„Also Horror, da geht es schlichtweg um(.) paranormale (.) Aktivitäten. Das heißt, da rennt ein Geist durch die Kanteee, da spukt ein Vampir durchs Haus, oder die Zombies überrennen die Welt. Das ist ein Horrorfilm.“ (Sadako, 00:01:09-1)

Diese Definition ist nicht nur sehr eindeutig formuliert, sondern sie steht im direkten Widerspruch zu der von Emily. Darüber hinaus ist interessant, dass Sadako als einzige ihre Definition nicht über die Angst ableitet, die ein Film auslöst, sondern über das paranormale Filmelement. Wie streng sie dieses Kriterium anlegt, wird im Folgenden ersichtlich:

„Naja, es gibt ja sowas- Psychofilme werden ganz oft als Horrorfilm bezeichnet, das heißt, wenn es mehr so um die menschliche Psyche geht. Das ist für mich zum Beispiel kein Horrorfilm.[...] Wenn es jetzt über jemanden geht zum Beispiel .. (atmet hörbar aus) 'Seek and Hide', oder 'Hide and Seek', das ist zum Beispiel (.) ein (.) Psychothriller, so würde ich es ausdrücken, wurde aber stellenweise auch als Horrorfilm deklariert. [...] So und für viele ist das halt ein Horrorfilm, weil sie zuerst denken, da spukt Charlie, dieser ... imaginäre Freund als Geist .... durchs Haus. Und das ist zum Beispiel kein Horrorfilm. Spannend. Man erschrickt sich vielleicht auch, es gibt ein paar Schreckmomente, aber es ist kein Horrorfilm. [...] Das krasse Gegenteil dazu ... zum Beispiel . , ach Gott, wie hieß der Film (6) [...] es ging um eine Psychologin, die in einer Anstalt gearbeitet hat und der Ehemann hat . Frauen missbraucht. Beziehungsweise kleine Mädchen. Und hinterher hielt man sie für verrückt, sie tat es .. im ersten Moment auch und dachte, sie hätte Wahnvorstellungen, in Wirklichkeit war aber diese Wahnvorstellung (.) ein echter Geist . [...] Und das wiederum .. hat zwar auch eine psychologische Komponente im ersten Moment ist aber ein Horrorfilm.“ (Sadako, 00:00:40-4 bis 00:02:42-8)

Für Sadako ist der Aspekt des Paranormalen so wichtig, dass er allein den Ausschlag gibt, ob sie einen Film als Horrorfilm einordnet oder nicht. Dies führt dazu, dass zwei Filme, die im Grunde beide mit der Frage spielen, ob hier Geistererscheinung oder Geisteskrankheit real sind, in unterschiedlichen Kategorien landen – basierend darauf, wie der jeweilige Film die Frage auflöst[38].

Amanda geht zwar nicht ganz so weit in ihrer Ablehnung des Paranormalen in Horrorfilmen wie Emily, aber auch für sie ist es kein Kriterium einen Film als Horrorfilm einzustufen. Wie Emily empfindet sie es eher als negativ, wenn ein Horrorfilm Elemente enthält, die nicht der Realität entsprechen:

> „[...] Also, Horrorfilm ist auf jeden Fall was, (.) was ich gucke und wirklich Schiss habe. Also, wo ich wirklich da sitze und mich entweder richtig erschrecke weil ich durch irgendeine Kameraeinstellung oder was weiß ich wirklich erschreckt werde. Oder wenn das irgendwas ist, was ich nachvollziehen kann, was wirklich (.). Also wenn ich mir zum Beispiel irgend so einen Metzelstreifen mit Zombies angucke, dann weiß ich, das ist unrealistisch und (da) könnte außer dieser Erschreckungsmoment mich nichts schocken." (Amanda, 00:01:26-8)

Für Amanda geht es beim Horrorfilm nicht nur um den augenblicklichen Schock (den „Erschreckungsmoment"), der durch Effekte, wie eine Kameraeinstellung, herbeigeführt wird. Es ist für sie auch wichtig, das Dargestellte „nachvollziehen" zu können, denn nur so – so der Umkehrschluss aus ihrer Aussage – können Angstgefühle erzeugt werden, die über den Moment hinaus wirken.

Amanda und Emily lehnen beide die übernatürlichen Elemente ab, weil sie „unrealistisch" sind, d. h., dass sie sie daran erinnern, dass sie einen Film schauen. Was bleibt, sind lediglich kurzzeitige Schockmomente (Amanda) oder Lächerlichkeit (Emily). Für beide ist ein Film aber nur dann ein Horrorfilm, wenn er Angst dadurch erzeugt, dass sie ausblenden können, dass sie einen Film schauen.

Es zeichnet sich bereits ab, doch an Aussagen von Alice und Angela wird es besonders deutlich – *die Definitionen eines Horrorfilms sind sehr subjektiv*:

> „(2) Ja, irgendwie wenn (.) Horrorfilm. Ich mixe das irgendwie immer so mit (.) so Action. [zählt weitere Kriterien auf]" (Alice, 00:00:48-3)

Alice schaut am liebsten Action-Filme und diese Vorliebe spielt auch bei ihrer De-

38 Hier mag der_die Leser_in womöglich einwenden, dass Sadako doch eine sehr gute weil (scheinbar) objektive Definition gefunden habe, auf die man sich einigen könnte, gerade, weil sie sich nicht über die subjektive Angst sondern ein konkretes filmisches Element hergeleitet ist. Abgesehen davon, dass einige meiner Interviewpartnerinnen gerade die übernatürlichen Elemente als Kriterium des Horrorfilms explizit ablehnen, so spielen, wie sich zeigen wird, auch bei Sadako persönliche Vorlieben eine Rolle – denn sie betrachtet nicht jeden Film, in dem paranormale Elemente enthalten sind als Horrorfilm (vgl. Aspekt des Humors, S. 60).

finition von Horrorfilmen eine Rolle. Angela stellt sogar einen kausalen Zusammenhang zwischen einem Kriterium für einen Horrorfilm und ihrem Geschmack her:

> „Nee nee .. es muss schrecklich enden. In Horrorfilmen muss es schrecklich enden. Aber . wenn es gar keine Ende hat, wenn es einfach aufhört. Das finde ich Scheiße. Das mag ich nicht.“ (Angela 00:11:29-7)

Eine Bestimmung kann gar nicht objektiv sein, wenn die eingangs aufgeführte allgemeine Definition, dass Horrorfilme Filme sind, die Angst machen, als eine Art Prämisse verstanden wird. Schließlich empfinden nicht alle Zuschauerinnen die gleichen Elemente als angstauslösend.

Um Horrorfilme definieren zu können, reicht es daher nicht aus, nach allgemeinen Kriterien zu fragen. Es geht vielmehr darum, in Erfahrung zu bringen, was die Zuschauerin als wirkungsvoll empfindet und welche Vorlieben sie hat. Umgekehrt ist es ebenfalls aufschlussreich miteinzubeziehen, was sie nicht mag. Genau darum wird es in den folgenden beiden Abschnitten gehen: um die Fragen, was für die Zuschauerin einen guten bzw. schlechten Horrorfilm ausmacht.

3.2 Gute Horrorfilme

Wie schwierig es ist, eine allgemeine Definition des Horrorfilms von den Vorlieben der Zuschauerin zu trennen, wird noch einmal deutlich beim Vergleich der allgemein gehaltenen Antworten: ein Horrorfilm, so gaben die meisten Interviewpartnerinnen an, sei ein Film, der die Zuschauerin ängstigt und/oder schockiert. Auf die Frage, was denn ein *guter* Horrorfilm sei, antworteten sie sinngemäß, dass es ein Horrorfilm sei, der bei ihnen genau diese Wirkung erziele, d. h. sie ängstige/schockiere/Nervenkitzel/etc. bereite. Dies hat darüber hinaus die Konsequenz, dass in einigen Interviews „schlechten Horrorfilmen“ in einem Nebensatz der Status des Horrorfilms gänzlich abgesprochen wurde.[39] Welche Elemente sind es aber, die bei der Zuschauerin den gewünschten Effekt – sich gruseln/erschrecken/ängstigen/etc. – auslösen? Die Aspekte, die meine Interviewpartnerinnen nannten, lassen sich in zwei Unter-Kategorien fassen: zum einen nennen sie *inhaltliche*, zum anderen *formale* Gesichtspunkte.[40]

---

39 Vgl. *Kapitel 3.3* – S.52.

40 Da dies eine qualitative Untersuchung ist, wäre es nicht sinnvoll, genannte Aspekte nach Quantität zu ordnen, oder gar nur diejenigen vorzustellen, die am häufigsten genannt wur-

3.2.1 Inhaltlich

Vor allem, wenn die Zuschauerin *Anteil nehmen* und sich in das Geschehen hineinversetzen kann, kommt die Wirkung eines Films zum Tragen:

> „. Der Nervenkitzel dabei und dieses . (.) dieses, dass du den guckst und da ist ja dieser Spannungsbogen und ich finde halt, dass der beim Psycho-Thriller am . besten halt zur Geltung kommt, weil du halt die ganze Zeit da sitzt und so, du merkst richtig, wenn (.) ja, wenn das Monster jetzt aus der Ecke springt, danach merkst du richtig, wie auf einmal diese ganzen Muskeln, die du vorher angespannt hast, sich wieder entspannen und das ist irgendwie dieses Gefühl (.) ., ja, mitten drin zu sein, aber eigentlich doch sicher zu sein und nicht . so in Gefahr zu sein, wie die da drin, aber man sich trotzdem in diese Situation reinversetzen kann [...]" (Emily, 00:03:58-0)[41]

Um derart mitfiebern zu können, ist es von Vorteil, wenn der Film die Zuschauerin dazu anhält, *mitzudenken und mitzuraten*, was unter Umständen auch wiederum mit dem Aspekt der Überraschung zusammen hängt. Für Katrina zum Beispiel ist ein guter Horrorfilm

> „[...] einer mit Geschichte, mit so Hintergrund, wo immer Rückblenden sind, also (.), wo der Film dann läuft und .... man weiß dann nicht, wer der Täter ist oder warum das alles so passiert und dann kommen dann immer so Stück für Stück Hinweise, wo du selbst so mitraten musst und zum Schluss ist auf einmal alles klar. (2) Mag ich am liebsten. [...]" (Katrina, 00:11:31-7).[42]

Das Kriterium „Mitraten" kann für Katrina andere *Mängelkriterien aufwiegen*, wie im Fall von *Final Destination*:

> „Katrina: [...] Aber den finde ich eigentlich auch noch ganz gut. Weil da ist das ja immer noch mit diesen Wiederholungen und so, dass man da noch so mit rein- dass man sich immer fragt, 'Ja, wer jetzt als nächstes?' und dann ist da der Plan und so. Das ist auch eher ... Horror-mäßig ohne Sinn. (.) Ja. (.)" (Katrina, 00:13:55-4)

Der Film ist zwar, wie sie selbst sagt, „Horror-mäßig ohne Sinn", d. h., es geht im Grunde nur darum, dass nach und nach die Charaktere getötet werden (= nicht das, was Katrina sonst anspricht), aber weil die Zuschauerin mitfiebern und Vermutungen darüber anstellen kann, was als nächstes passiert, mag sie den Film dennoch.

Ein Kriterium, welches für alle wichtig ist, ist die *Glaubwürdigkeit* der Geschichte eines Horrorfilms. Für Emily ist diese an die Bedingung geknüpft, dass der Film

den. Ich nenne daher alle, die aufgezählt wurden, in keiner bestimmten Reihenfolge.

41 Vgl. auch Emily, 00:01:51-2, Amanda, 00:03:03-2, Sadako, 00:07:19-5.

42 Vgl. auch Emily, 00:18:08-9 und 00:22:16-6, Alice, 00:09:41-4, Amanda, 00:07:59-0.

ein naturalistisches Abbild unserer Realität ist, für die meisten meiner Interviewpartnerinnen ist es jedoch akzeptabel, wenn die Diegese nach eigenen Regeln funktioniert und Elemente beinhaltet, die unsere Realität nicht kennt - solange das Geschehen in dieser Filmwelt in sich plausibel ist.[43] Emily und Angela scheinen zunächst beide die Ansicht zu vertreten, dass ein (guter) Horrorfilm realistisch sein sollte, in dem Sinne, dass er den Naturgesetzen unserer Realität folgt:

> „Oh . es muss gruselig sein auf jeden Fall, also, man muss sich oft erschrecken. (.) Und es muss dazu auch eine gute Story haben, nichts was irgendwie so (.) es darf nicht so übelst Fantasy sein oder so, das (.) passt irgendwie nicht ganz, weil das dann (.) so unreal ist und dann (.) glaubst du das nicht mehr ganz. Kannst du dir nicht mehr vorstellen, dass-. Du musst dir vorstellen können, dass das wirklich passiert. [...]" (Angela, 00:08:14-7)[44]

Später erzählt Angela von ihrem Lieblingsfilm, *Mirrors*, bei dem es darum geht,

> „dass jemand in einem Spiegel, in so einem Kaufhaus, immer das sieht, was passiert ist, als das Kaufhaus abgebrannt ist. [...] Jedenfalls, der hat auch eine Frau und . . die Spiegel in der Wohnung (.) die Kinder von denen sind immer plötzlich in den Spiegeln drin und gucken dann aus den Spiegeln raus. (.) und die übermalen dann alle Spiegel, damit die da nicht mehr rein können.[...]" (Angela, 00:34:50-7).

Realistisch ist das nicht gerade, und dieser Widerspruch zu der früheren Aussage von Angela veranlasst sie und mich dazu, der Frage nachzugehen, warum der Aspekt des Übernatürlichen in einigen Fällen verhindert, dass die Zuschauerin sich auf das Geschehen einlassen und Angst empfinden kann, in anderen aber nicht:

> „I: (.) Ok, das ist ja jetzt (.)-
>
> Angela: -eher so Mystik eigentlich, ne?
>
> I: Genau und du sagtest ja vorhin, dass dir aber wichtig ist, dass ein Film so (.) realistisch ist. Kannst du dann vielleicht nochmal genauer erklären, was du mit realistisch meinst? (3) Oder wann ist ein Film realistisch, selbst wenn der irgendwie solche Sachen hat wie, . (.) irgendwie eine solche Parallelwelt in den Spiegeln?
>
> Angela: Weiß auch nicht jetzt.
>
> I: (3) Oder vielleicht andersrum, was ist unrealistisch? (.) Also in dem Sinne, dass es dich stört?

43 Als Diegese wird vor allem in den Filmwissenschaften die Welt bezeichnet, in der die Handlung eines Films stattfindet - mit all ihren Gegebenheiten, wie räumlicher und zeitlicher Referenzrahmen, Gegenstände, Figuren, etc. (vgl. z. B. Wulff 2007 - der Artikel ist als pdf verfügbar auf http://www.montage-av.de/a_2007_2_16.html, zuletzt besucht am 23.11.2010).

44 Vgl. Emily, 00:03:58-0 und 00:06:26-1 bis 00:07:37-5.

Angela: Unrealistisch ist wenn irgendwie wenn überall zu viel Blut spritzt und . alle sind immer ganz hysterisch und so. Und (.) in irgendwelchen Kellern wohnen (.) irgendwelche (.) komischen Menschen, die seit Ewigkeiten in diesem Keller gefangen sind oder so. Das finde ich unrealistisch. (.) .... Ich weiß nicht, warum ich so eine zweite Welt irgendwie nicht unrealistisch finde, weiß ich auch nicht. Eigentlich ist es auch . unrealistisch, aber ich mag es trotzdem.

I: Hat das vielleicht (.) eher was mit unlogisch (Angela: Ja) zu tun oder so?

Angela: Wahrscheinlich.

I: Also, dass man, ne, wenn man weiß 'Ja, ok, es ist ja eh 'n Film' so, und dann ist es aber trotzdem unlogisch, wenn bestimmte Sachen-, oder wo man so merkt, so (.) , ja das ist jetzt nur wegen des Effekts oder so was?

Angela: . Ja genau, es muss nicht unrealistisch-, unrealistisch kann es schon sein, aber es darf nicht unlogisch sein. genau. So ist wahrscheinlich (2) so, wenn irgendwas eigentlich überhaupt nicht hinhaut. (.) Das, glaube ich, gefällt mir irgendwie nicht." (Angela, 00:34:50-7 bis 00:37:06-3)

Angela kann akzeptieren, dass in der Filmwelt möglicherweise andere Gesetze gelten, als in der Realität – z. B., dass es eine Welt gibt, in der auf der anderen Seite der Spiegel eine Parallelwelt existiert –, solange diese andersartige Beschaffenheit der Filmwelt glaubwürdig ist und die Geschichte spannend macht. Es scheinen vielmehr die mangelhaft oder gar nicht begründeten Gegebenheiten innerhalb einer Handlung selbst zu sein, die sie stören, z. B. Menschen, die seit langer Zeit in einem Keller gefangen sind – ohne, so verstehe ich Angela hier, dass es ihnen in all der Zeit einmal gelungen wäre, sich zu befreien – oder stereotype Elemente wie spritzendes Blut und hysterische Menschen, die, so lässt sich das Gesagte weiterdenken, keine andere Funktion haben als Genre-Konventionen zu bedienen.[45]

Ein Satz, der in jedem Interview nahezu wortgleich vorkam, war:

„Ganz wichtig bei einem Horrorfilm, [...] ist . die Story. [...]" (Sadako, 00:07:19-5)[46]

Für Sadako ist das Kennzeichen einer *guten Geschichte*, dass sie tiefgründig ist und

45 Auch hier hat der gewählte Textausschnitt Beispielcharakter. Eine ähnliche Diskussion um den Realitätsbegriff im Zusammenhang mit Horrorfilmen – mit dem gleichen Ergebnis – findet sich auch in den Interviews mit Reiko und Sadako wieder: Reiko, 00:13:04-3 bis 00:16:59-0 und Sadako, 00:09:37-0 bis 00:10:16-1.

46 Vgl. auch Emily, 00:22:47-3, Alice, 00:09:41-4 bis 00:11:39-8, Amanda, 00:06:33-4, Reiko, 00:16:21-9, Angela, 00:08:14-7, Katrina, 00:11:31-7.

nachdenklich macht:

> „[...] [I]ch finde, ein guter Horrorfilm ist auch immer (.) tiefgründig und hat eine schwere Geschichte woran man echt mal zu knabbern und zum so nachdenken sollte. Das ist ein guter Horrorfilm. Und . dann finde ich, ist es ganz wichtig, dass man sich in diesen Horrorfilm auch hineinversetzen kann. So ein Stück weit so, 'Wie würde ich in dieser Situation reagieren? Würde ich wirklich nach oben laufen? Ja, nein, vielleicht. Und warum würde ich nach oben laufen, und was wäre der Fehler daran nach oben zu laufen?'. (.) Also .. er regt zum Nachdenken an. dann ist es auch wichtig, dass . (2) er nicht zu überzogen ist, weil es gibt viele Horrorfilme, die wollen nachdenklich sein und haste nicht gesehen aber schießen voll übers Ziel hinaus und dann ist das eigentlich auch wieder doof den anzugucken, der wird dann melodramatisch bis zur letzen Minute und dann macht es halt auch keinen Spaß." (ebd.)

Wenn es sich tatsächlich so verhält, wie Sadako hier behauptet, dass viele Horrorfilme tiefgründig sein wollen, es aber eigentlich nicht sind, dann lässt sich daraus etwas über die Zuschauer_innen von Horrorfilmen allgemein schließen: sie legen Wert auf eine tiefgründige Geschichte und umgekehrt ist eine tiefgründige Geschichte eine Art „Trademark" dieser Filme.[47] Denn warum sollten sich Filmschaffende darum bemühen, eine tiefgründige Geschichte zu erfinden, oder zumindest eine vorzutäuschen, wenn das Publikum keinen Wert darauf legt? Der Umstand, dass alle meine Interviewpartnerinnen - mal mehr, mal weniger explizit - eine „gute Story" von einem Horrorfilm verlangen, spricht dafür.[48] Ob meine Interviews an dieser Stelle tatsächlich repräsentativ für einen Großteil des Horrorfilm-Publikums sind, ließe sich durch eine quantitative Studie überprüfen.[49]

---

47 Dies gilt sicherlich nicht für alle Subkategorien, aber doch zumindest für eine/einige bestimmte Art/en.

48 So, wie Sadako den Begriff „tiefgründig" benutzt, und so, wie der Begriff „gute Story" von den anderen benutzt wird, können beide miteinander gleichgesetzt werden - und so, wie ich die Interviewten verstehe, zielen beide Begriffe wiederum auf eine plausible/glaubwürdige Geschichte ab.

49 Interessant ist die Ambivalenz von Emily zu diesem Thema: obwohl sie selbst großen Wert auf eine Geschichte legt, bei der sie mitdenken muss, führt dieses Kriterium ihres Dafürhaltens in diesem Genre bei anderen Zuschauer_innen eher dazu, dass ein Film schlechte Kritik bekommt:

> „Emily: [...] Bei diesen Psycho-Thrillern bist du ja mit dabei und musst mitdenken, sonst verstehst du den Film einfach komplett nicht und wenn du nicht klug genug bist, sage ich jetzt einfach mal so, . dann merkst du das halt auch, dann kriegt der Film auch, meisten kriegt der Film ziemlich schlechte Kritiken (.) wenn du da viel mitdenken musst. ... Weil, Fernsehen gucken soll ja eigentlich passiv sein, ne? [...]" (Emily, 00:22:16-6)

3.2.2 Formal

Die Anteilnahme, das Mitdenken/-rätseln, die Glaubwürdigkeit und die Geschichte sind Aspekte des Horrorfilms, die wiederum durch andere, formale Komponenten des Films bedingt sind.

Für Emily muss nicht nur die Geschichte, sondern es müssen auch die *schauspielerische Leistung* sowie die *Dialoge* überzeugend sein:

> „[...] die Schauspieler müssen gut sein. Du kannst nicht eine Schauspielerin (sagen), die sagt 'Oh bitte nicht, oh bitte nicht' und in den Augen siehst du ganz genau 'Äh, können wir jetzt mal aufhören, ... ich habe auch keine Lust mehr', so, weißt du? [...] Und auf den Text halt auch, ob das ... ja, so Story, der Text, wie der geschrieben ist, die Schauspieler, das . ist halt alles ziemlich wichtig, finde ich, beim Horrorfilm. [...].“ (Emily, 00:22:47-3 bis 00:24:51-9)[50]

Ein stilistisches Mittel, das dazu beiträgt, dass die Zuschauer_innen mehr Anteil am Geschehen nimmt, sei die *subjektive Kamera*, erläutert Sadako:

> „. Was ich sehr cool finde also, der Trend bei . Horrorfilmen geht momentan dahin, dass sie eben aus dieser Ich-Perspektive gedreht werden. .. 'The Doom' - das ist eine Verfilmung von einem Computer-Spiel - wird zum Teil aus . der Ich-Perspektive gefilmt und das ist total cool. Das macht diesen Film spannend und interessant, normalerweise ist er langweilig. Und . das Gleiche hat man .... bei 'Blair Witch Project', bei 'Cloverfield'. Ich mag einfach diese Ego-Perspektive, .. das verleiht dem Ganzen nochmal so ein bisschen mehr Würze, . weil es das Ganze noch ein bisschen spannender macht. . Man erschrickt sich ein bisschen mehr, man rätselt ein bisschen mehr mit, ... man taucht einfach tiefer in diese Geschichte ein und das finde ich ganz toll, aber da haben ganz furchtbar viele Leute ein Problem mit.“ (Sadako, 00:11:25-0)

Das, was die subjektive Kameraperspektive so geeignet macht, die Zuschauer_innen noch mehr in den Bann des Geschehens zu ziehen, ist der Umstand, dass sie meist von Hand geführt wird und den Anschein erweckt, Geschehen zu dokumentieren, anstatt es zu inszenieren und dadurch eine Art von Glaubwürdigkeit erzeugt, wie Reiko am Film *Rec* erklärt:

> „Den fand ich zum Beispiel auch richtig gut, wenn ich das jetzt nochmal @(an dieser Stelle)@ sagen kann (I: Ja), weil (.) also (.) .. der hatte halt so einen krassen Realitätsbezug (.) obwohl es, ne, Zombies sind, aber irgendwie, dieses Ding auch, der ist mit einer Handkamera gedreht gewesen, man kriegt immer, also, es ist einfach viel weniger vorhersehbar, was passiert, wenn der die Kamera schwenkt (.) und der war auch so ohne groß Schnickschnack, da war irgendwie nichts Überzogenes drin. ... Der hat mir echt gut gefallen. Also, ich habe mich nicht so doll bei dem gegruselt, aber ich fand den einfach gut gemacht. (.) Also, da war irgendwie nichts Absurdes, klar, Zombies, aber (.)

50 Vgl. auch Alice, 00:11:39-8.

nicht irgendwelche Widersprüchlichkeiten oder so drin. Und da waren schon auch (.) ja, weiß ich nicht, man hat echt so Bilder, die einem Angst machen, ne? [...]" (Reiko, 00:37:10-2)

Mit ihrer pseudo-dokumentarischen Art macht die subjektive Kamera - deren Einsatz als stilistisches Mittel überdies keineswegs so neu ist, wie die hier genannten Filme vermuten lassen – das Geschehen weniger vorhersehbar. In einem Film, der vorgibt, keinem Drehbuch zu folgen, sondern lediglich zufällig Geschehnisse abzufilmen, kann alles passieren. Zudem ist die von dieser Machart erzeugte scheinbare Authentizität so eindrücklich, dass nicht einmal so fantastische Elemente wie Zombies sie schwächen können.

Neben der Handkamera gibt es noch andere Möglichkeiten, die Zuschauerin zu *überraschen.* Überhaupt schätzen viele meiner Interviewpartnerinnen, wenn ein Horrorfilm *Neues* zu bieten hat. Reiko zählt verschiedene Effekte auf, mit denen ein Film dies erreichen kann:

„[...] Das sind so bestimmte Bilder, glaube ich, die, also jeder springt ja auch auf was anderes an, ne? Für mich ist der und der Film heftig, für dich vielleicht ein anderer. Naja und bei den Asia-Movies ist das wirklich so, die arbeiten mit ganz anderen Effekten. Also viele Sachen, wenn man regelmäßig Horrorfilme guckt oder auch, echt, ich gucke sowas auch schon total lang, . dann kennt man einfach auch bestimmte Stilmittel, ne, man weiß, 'Ok, der ist jetzt da hinten, zehn Sekunden hab' ich noch Zeit', dann @(.)@ wenn ich es nicht aushalte, kann ich immer noch weggucken und bei solchen Filmen wie 'The Ring' oder so ist das einfach noch mal ganz (.) ganz anders. Da rechnet man nicht mit, das ist irgendwie was Ungewöhnliches und (.) . ich finde auch . ja, wie soll ich das, das sind auch oft nochmal so künstlerische Effekte, die da eingebaut sind, ganz andere Bilder und ganz andere Lichtverhältnisse auch gar nicht irgendwie so viel Action hier und da und trotzdem, irgendwie gruselt man sich so und das finde ich echt ganz interessant. Das mag ich ganz gern, mal ein bisschen was Neues." (Reiko, 00:08:39-3)[51]

Reiko betont mehrmals, dass es bestimmte Bilder seien, die sie beeindrucken. Vor allem den asiatischen Horrorfilm empfindet Reiko als sehr wirkungsvoll, da er andere Stilmittel verwendet als diejenigen Filme, die ihr aus dem westlichen Kino vertraut sind.

Ein Horrorfilm sollte, nach Dafürhalten von Reiko, dem Publikum aber auch *Raum lassen, um sich zwischendurch zu entspannen* – was einer gewissen Kunstfertigkeit bedürfe:

„[...] Ein Film darf auch mal eine Länge drin haben oder so, aber (.) ja, wenn das einfach

51 Vgl. Alice, 00:09:41-4, Amanda, 00:01:26-8 und 00:07:59-0, Sadako, 00:58:25-4.

vom Aufbau her wirklich so gut gemacht ist, ne, irgendwie, es ist Spannung drin und man hat zwischendrin auch mal Zeit durchzuatmen, weil es schon auch anstrengend ist, wenn man irgendwie an seine Grenzen kommt und Angst hat, sich erschreckt und so, aber . (.) das finde ich ist auch eine Kunst, das ist gar nicht so einfach, glaube ich, wenn man so einen Film macht, da so eine Mischung, einen guten Spannungsbogen, aber auch den Leuten mal die Möglichkeit geben, irgendwie durchzuatmen und sich wieder runter zu fahren. [...]" (Reiko, 00:16:21-9)[52]

Unter dem Aspekt der Anregung zum Nachdenken gefallen Sadako Horrorfilme, die *gesellschaftskritisch* sind:

> „. Ich finde zum Nachdenken zum Beispiel .. ganz gut .. 'Diary of Death'. Das ist ein Zombie-Film .... Es geht um Filmstudenten, die einen Horrorfilm drehen, mitten im Wald und . dann kommt einer von den Technikfreaks, der irgendwie an der Ausrüstung . sitzt, bekommt dann halt mit, dass die Zombies (.) losmarschieren, dass die ganzen Toten wiederauferstehen. Und [...] ich finde, der zeigt ganz gut so aus was für (.) Menschen sich so eine Gruppe manchmal zusammensetzt, weil, da sind die unterschiedlichsten Typen bei, die sich auch untereinander nicht unbedingt gut verstehen, sondern einfach nur gezwungen waren, miteinander jetzt diese Situation durchzustehen und . das fand ich sehr lebensecht, stellenweise, also sehr (.) sehr nachvollziehbar. Das fand ich ganz gut und . hat auch gleichzeitig so ein bisschen unsere (.), ja, ich würde mal sagen, Informationsgeilheit (.) dargestellt. Das ist schwer zu erklären, so man muss den Film schon gesehen haben .. um dahinter zu kommen, aber zum Beispiel geht es dann darum, . (.) dass der . Hauptprotagonist, .. der stirbt zwar, aber er hat immer das Bedürfnis alles zu dokumentieren und den andern .... zu zeigen, zur Schau zu stellen und 'Kannst du nicht nochmal . in die Kamera gucken während du stirbst?'. Und das fand ich schon (.) sehr bezeichnend und ich fand das auch sehr (.), auch ein bisschen überzogen, das stimmt schon, aber so benehmen wir uns heutzutage leider Gottes auch. Wenn wir ..... an einer Unfallstelle vorbei fahren, dann fahren wir ja auch langsamer um zu gucken, so. Was man da sehen kann. Bewusst oder unterbewusst, das sei mal dahingestellt." (Sadako, 00:09:12-8)

Sadako gefällt an *Diary of the Dead* zum einen die authentisch dargestellte Gruppendynamik und zum anderen das Widerspiegeln eines realen gesellschaftlichen Problems, nämlich das des Voyeurismus bzw. der „Informationsgeilheit" , wie sie es nennt.[53]

Emily, Amanda und Katrina mögen am liebsten Horrorfilme mit einer *psychologischen Komponente*, aus dem Grund, dass diese auf sie den größten Effekt erzielen:

52 Vgl. Sadako, 00:41:08-1.

53 Eine kleine Anmerkung für die weniger Horror-/Zombie-affinen Leser_innen: Es ist kein Zufall, dass Sadako ausgerechnet in diesem Sub-Genre ein Beispiel für einen sozialkritischen Film gefunden hat. Vor allem George A. Romero (der auch Autor und Regisseur von *Diary of the Dead* ist) wird von seinen Fans geschätzt dafür, mit seinen Zombie-Filmen der (US-amerikanischen) Gesellschaft und ihren Problematiken den sprichwörtlichen Spiegel vorzuhalten.

„Genau, das ist halt dieser Nervenkitzel, finde ich, bei, ne, bei diesen (.) Psycho-Thrillern, weil du dann immer, vor allem, das ist ziemlich real und du bist da irgendwie immer mitten drin, mitten im Film drin. Oder, bei mir ist es so, dass ich mitten im Film da mit drin bin. Das ist halt dieser Nervenkitzel, der dabei ist." (Emily, 00:01:51-2)[54]

Diese Filme sind nämlich nicht nur realistisch im Sinne von „glaubwürdig", sondern auch in dem Sinne, dass die Zuschauer_innen sich vorstellen können, dass das Dargestellte tatsächlich passieren könnte. Sie können so besser am Geschehen und an dem, was den Protagonist_innen widerfährt, Anteil nehmen.[55]

Neben diesen allgemeinen Kriterien, die die von mir interviewten Zuschauerinnen schätzen, haben sie auch ...

3.2.3 Lieblingsfilme, -genres, -schauspieler_innen

Emily hat keinen speziellen Lieblingsfilm, „[...] nur diese spezielle Richtung, am liebsten Psycho-Thriller. Da ist es eigentlich auch ziemlich egal welchen. "Sind alle (.) ganz gut."" (Emily, 00:02:06-3). Alice schaut, wie bereits erwähnt, am liebsten action-lastige Horrorfilme, gerne mit „Josh Hartnett [...]. Jetzt auch Johnny Depp wieder . (.) Bruce Willis (2) ja (.) das sind halt meistens eher so Action-Filme, die ich gucke, also nicht unbedingt (.) so Psycho-Horrorfilme . (.) das mixt sich halt so ein bisschen überall. (.) "Keine Ahnung"" (Alice, 00:10:26-8). Amanda schaut neben der Saw-Serie gerne Stephen-King-Filme, vor allem

„[...] 'Es'. 'Es' habe ich, glaube ich, (.) 50-mal gesehen oder so. Finde ich immer noch (.) ganz witzig. Die Vorstellung von dem Clown finde ich ganz gut. (.) Zumal man wieder in anderen Horrorfilmen ganz oft sieht, dass Menschen (.) Angst vor (.) – Mehrzahl von Clown? Clowns? – (.) Ja, 'Es' und (.) 'Saw', ja (.). Das war es aber auch schon. Ich habe so Lieblingsfilme eigentlich (.) in keiner Sparte. Ich gucke es einfach nur gerne. Klar gibt es Filme, die ich total gut finde, aber, nee, 'Saw' ist da schon an erster Stelle, die Teile finde ich alle gut. 'Martyrs' kann ich nicht zu meinen Lieblingsfilmen zählen, weil der einfach zu fies war. @(.)@ Den gucke ich mir auch so schnell nicht nochmal an" (Amanda, 00:09:00-3).

Reiko mag vor allem

„Asia-Movies, sowas wie 'The Ring' oder so, also, schon dann nicht die USA-Version, [...] so Slasher-Filme gucke ich, glaube ich auch ziemlich gern und viel (.). Und ich gucke auch ganz gern Zombie-Filme @(.)@. Und was ich gerade neu für mich entdeckt habe sind Zombie-Komödien. [...]" (Reiko, 00:05:29-8).

---

54 Vgl. auch Emily, 00:02:13-7 bis 00:03:58-0 und 00:06:46-9 bis 00:07:42-4; Amanda, 00:03:03-2 bis 00:03:16-2 und 00:04:43-4; Katrina, 00:01:12-5 und 00:12:55-9 bis 00:13:30-9.

55 Vgl. auch *Kapitel 4.5*, S. 61.

Wenn sie in der Videothek „in die Horrorfilmecke [geht, guckt sie] auch erstmal bei dem Regal mit den (.) also hier vorne diese Videothek, die haben ja schon so ein Regal mit den (I: Mit den Klassikern) mit den Klassikern" (Reiko, 00:53:36-1). Angela hat keine eindeutigen Präferenzen, abgesehen davon, dass es nicht zu abgedreht sein sollte, aber

> „[...] die gruseligste Vorstellung, die es für mich gibt, was . mir passieren kann, ist, dass ich durch den Wald laufe und mir ein Kind entgegen kommt mit so einer Taschenlampe. (.) .. Das ist @(das Gruseligste, was mir überhaupt passieren kann)@. Und ich glaube, (.) ja, wenn es irgendwie um Kinder geht, finde ich das immer ganz gruselig, irgendwelche (.) komischen (.) Psycho-Kinder, das ist (immer) richtig gruselig." (Angela, 00:08:54-9).

Sadako schaut sich „furchtbar gerne Horrorfilme an, in denen . (2) Geister und Zombies vorkommen. [...]" (Sadako, 00:30:48-9). Auch Katrina hat keinen expliziten Lieblingsfilm, weder in diesem noch in anderen Genres. Sie mag jedoch, wie Angela, „[...] 'The Mirrors' oder (.) ich mag gerne alte, zum Beispiel 'Sleepy Hollow'. [...]" (Katrina, 00:01:37-1).

3.3 Schlechte Horrorfilme

Auf die Frage, was einen schlechten Horrorfilm ausmache, wurden vor allem Kriterien genannt, die eine *Umkehrung der Kriterien für einen guten Horrorfilm* waren. Um zu viele Wiederholungen zu vermeiden, verweise ich hier auf zwei Abschnitte an anderer Stelle, an denen dies deutlich wird: die Aussagen von Emily und Amanda zum Thema Definition (*Kapitel 3.1,* S. 41f), sowie Sadakos Erklärung, was sie an Zombies und Geistern mag (*Kapitel 4.5*, S.63).[56]

Ein Kriterium für schlechte Horrorfilme, welches nicht in seiner positiven Umkehrung zur Sprache kam, ist *Sexismus*. Als ich Emily fragte, was für sie Kennzeichen eines schlechten Horrorfilms seien, diente *House of Wax* zunächst als Veranschaulichung für Unglaubwürdigkeit. Ihre Schilderungen machten jedoch deutlich, dass es speziell die Missrepräsentation von Geschlechterrollen ist, die Emily stört:

56 Emily spricht an der besagten Stelle Horrorfilmen sogar diese Bezeichnung ab, wenn sie Elemente enthalten, die ihr nicht gefallen. Es erscheint paradox, da es demnach nur gute Horrorfilme geben kann, wenn ein schlechter Film, dadurch, dass er Eigenschaften hat, die der Zuschauerin nicht gefallen, als Horrorfilm disqualifiziert wird. Allerdings ist dies plausibel, wenn die Definition eines Horrorfilms über ein subjektives Kriterium wie das Angstempfinden hergeleitet wird.

„Genau, 'House of Wax', zum Beispiel da . geht es weniger um den Horrorfilm, da geht es eher um die Mädchen, die schreiend weglaufen. Und . das finde ich, ist dann fast schon eher so eine Porno-Geschichte, so, weißt du, so ein bisschen .. , weil die Mädchen dann auch immer weiße Oberteile anhaben, die dreckverschmiert sind und durchgeschwitzt oder mit irgendwie Wasser übergossen, mega die kurzen Röcke anhaben und dann wegrennen vor irgendwelchen Männern, so. Weißt du? Und da finde ich dann schon eher, das ist dann kein Horrorfilm, also, das ist dann eher so ein bisschen, das ist dann ein Männerfilm, so ja? Aber kein Horrorfilm. Und vor allen Dingen, weiß ich nicht, oder dann wird denen das T-Shirt aufgerissen und die laufen da halb-nackt rum, so das ist halt, die Männer sind irgendwie alle immer gut angezogen, warum sind dann die Frauen so schäbig angezogen auf einmal? Irgendwie zerrissene Klamotten und alles, also weißt du, das ist halt, dann denkst du auch schon wieder, 'Ja, hm, schön, das ist halt was für Männer', so das finde ich halt auch total (.) Kacke, das nervt mich auch. [...] und wenn das dann halt nur um so kleine kreischende Mädchen geht (.), dann finde ich das nervig, "das Ganze". Und vor allen Dingen, oder wenn Frauen halt als so dumm dargestellt werden, weißt du, die sich auch nicht wehren können so. Es gibt ja Filme, wo die Frauen dann auch das Küchenmesser nehmen, und halt auch sich wehren, so, ne? Es gibt aber auch so Filme, wo die (.) Frau dann in der Ecke steht von der Küche und sagt so, 'Oh nein, bitte bitte nicht, bitte nicht', und dann denke ich so, '**Das ist doch nicht so!**'. Ich meine, welche Frau stellt sich in so einem Fall in die Ecke und sagt, 'Bitte nicht'? Welche Frau versucht denn nicht wegzurennen oder versucht nicht irgendwie mit dem Besenstiel oder sonst irgendwas, was da grad halt rumliegt, und da denke ich auch schon wieder, das ist .. nicht realistisch, also, das ist wieder so ein bisschen so, 'Oh, das arme kleine Mädchen wird vom großen bösen Jungen gejagt', so. Das ist dann halt auch schon wieder nervig." (Emily, 00:03:24-6 bis 00:05:30-5)

Auf der Ebene der Erzählung ergeben Frauen, die in nasser (=durchsichtiger) (Nicht-)Bekleidung auf der Flucht sind keinen Sinn. Sie sind vielmehr Verkaufsargumente des Films an eine bestimmte, männliche Zielgruppe, weshalb Emily diese Filme auch nicht als Horrorfilm verstanden wissen will, sondern als „Porno-Geschichte" oder „Männerfilm". Sie fühlt sich als Frau dadurch offenbar nicht nur nicht angesprochen, sondern als Konsumentin ignoriert: „Ja, schön, das ist halt was für Männer". Diese Filme „nerven" die Zuschauerin jedoch nicht nur damit, dass die weiblichen Charaktere im Gegensatz zu den männlichen durch ihr Äußeres stark sexualisiert werden, sondern auch, weil sie in ihrer Handlungsfähigkeit als stark eingeschränkt dargestellt werden: Sie sind „dumm" und/oder nicht fähig, sich zu wehren. All diese Attribute, seien sie äußerlich, auf den Charakter oder die geistigen Fähigkeiten bezogen, zeichnen nicht nur ein Bild von Frauen, welches Emily missfällt, sondern eines, das schlicht falsch ist: „**Das ist doch nicht so.**" Sie erklärt sich diese misogyne Darstellung damit, dass Horrorfilme vor allem für Männer gemacht werden, die tatsächlich dieses Frauenbild teilen:

„Emily: [...] Aber die meisten [Horror- oder Actionfilme, S. W.], die berühmt sind, sind halt so, und ich weiß nicht, die meisten Jungs, Männer gucken sich ja auch . Horrorfilme an, dementsprechend müssen die ja eigentlich auch schon wieder so zugeschnitten sein, weil das wollen ja eigentlich heutzutage die Männer sehen, so ne? Und nicht . die Frau, die selber tatkräftig ist, sondern die Frau, die beschützt werden muss von ihrem Mann, so aufopferungsvoll er auch ist. (.) Also ne? (I: Hm) Ja.

I: Ist das so deine Erfahrung, dass das das ist, was Jungs oder Männer von Filmen wollen?

Emily: @(Ja)@, das ist so meine Erfahrung @(.)@. (.) Und wenn das nicht so ist, dann finden die den meistens auch nicht gut. (..) sagen die dann so, 'Ja, das ist nicht der beste Film, der und der war viel besser', und dann weißt du auch schon wieder, 'Ja? welcher war das denn, da, wo die Frau 'n kurzen Rock anhatte oder wo?', also, ja." (Emily, 00:07:26-8 bis 00:07:50-5)

Obgleich sie sich darüber nicht so ereifert wie Emily, ist Sexismus auch für Reiko ein Kriterium für einen schlechten Horrorfilm – ebenfalls aus Gründen der Unglaubwürdigkeit bzw. mangelnder Authentizität:

„[...] was für mich auch so ein Punkt ist, ist . wenn ein Film zu viel auf Rollenklischees aufspringt, also dieses 'die Frau, die immer ängstlich schreit und der Mann kommt um die Ecke und nimmt alles in die Hand und rettet sie', . das ist auch was, das nervt mich total in Filmen. Und was halt auch noch dazu kommt, ist halt diese Verbindung zu Sex, also nicht, dass irgendwie in Horrorfilmen Sex nichts zu suchen hat, aber ich verstehe das halt oft nicht, was das jetzt gerade (.) in bestimmten Situationen (.), wo da der Kontext ist, das ist mir schleierhaft. Das ist dann oft so ein 'Wir basteln das da noch mal eben rein, irgend'ne Sexszene' und dann wird das Zelt aufgeschlitzt und @(.)@ die Leute abgemetzelt. Also, irgendwie denke ich immer so, man kann auch ohne auskommen, oder wenn, dann kann man es vielleicht auch ein bisschen intelligenter und niveauvoller verpacken. [...]" (Reiko, 00:16:21-9)

Hier wird deutlich, dass Reiko Sexismus im doppelten Wortsinn nichts abgewinnen kann: zum einen ist sie „genervt" vom Stereotyp der hilflosen Frau, die vom starken Mann gerettet werden muss, zum anderen erscheint ihr die Verbindung zwischen Sex und Horror, die in einigen Filmen hergestellt wird, fehl am Platz, bzw. ist ihr der Zusammenhang gänzlich unverständlich.

Ich fasse die Ergebnisse dieses Kapitels zusammen: Die interviewten Zuschauerinnen definieren Horrorfilme nur scheinbar gleich. Denn die Bestimmung, dass Horrorfilme Filme seien, die Angst machen, ist ebenso wahr wie vage. Sie ist deshalb vage, weil sie von einem subjektiven Faktor, dem Angstempfinden der Zuschauer_innen, abhängt. Nicht alle Interviewpartnerinnen nehmen das gleiche als angsteinflößend wahr. Als weiteres Attribut des Horrorfilms wurde genannt, dass er brutal und blutrünstig ist und die Zuschauerin herausfordert, ihre Grenzen zu testen. „Horrorfilm“ kann darüber hinaus auch lediglich ein Überbegriff für eine ganze Reihe von verschiedenen Sub-Genres sein.[57] Ebenso schwierig, wie den Horrorfilm allgemeingültig zu definieren, kann es mitunter auch sein, einzelne Filme diesem Genre bzw. einem bestimmten Sub-Genre zuzuordnen. Dennoch haben einzelne Personen sehr klare Vorstellungen davon, was ihre subjektive Definition betrifft. Dies bedeutet auch, dass verschiedene Zuschauerinnen einander gegenseitig widersprechende Auffassungen haben können, was ein Horrorfilm ist. Weil die Definition des Horrorfilms – sofern sie auf der Prämisse basiert, dass Horrorfilme Filme sind, die Angst machen – nur subjektiv sein kann, hängt sie davon ab, was die jeweilige Zuschauerin als angsteinflößend empfindet, d. h. ihren Präferenzen.

Meine Interviewpartnerinnen benannten die folgenden Aspekte als Kriterien guter Horrorfilme: die Zuschauer_innen müssen Anteil am Geschehen nehmen können, wozu auch gehört, dass sie mitdenken müssen. Der Film sollte daher glaubwürdig sein. Dies impliziert auf der formalen Ebene wiederum, dass es nicht bloß um „Gemetzel“ geht, sondern der Film einer durchdachten und plausiblen Geschichte folgt, sowie dass Schauspieler_innen und Dialoge überzeugend sind. Eine subjektive Kameraperspektive kann es den Zuschauer_innen erleichtern, sich auf die Filmwelt einzulassen. Andere Techniken, die neuartige Bilder produzieren und damit die Zuschauer_innen überraschen, sind ebenfalls gern gesehen. Wenn es um den Aspekt der Glaubwürdigkeit geht, dann ist damit nicht unbedingt gemeint, dass der Film eine naturgetreue Nachbildung unserer Realität ist, sondern lediglich, dass die Diegese in sich logisch und plausibel sein muss. In einigen Fällen ist die Realitätstreue aber durchaus ein ausschlaggebendes Kriterium, um einen Film überhaupt als Horrorfilm einzustufen oder nicht. Gegenteilige Attribu-

57 Ich benutze den Begriff des Horrorfilms in dieser Arbeit im Sinne von Reiko, nämlich als Überbegriff für alle Filme, die meine Interviewpartnerinnen als Horrorfilme bezeichnen. Um jedoch der Vielfalt der Definitionen und Präferenzen gerecht zu werden und sie nicht in Widerspruch zu einander zu stellen, spreche ich oft von Sub-Genres. Die Leser_innen dürfen dabei nicht vergessen, dass die jeweilige Interviewpartnerin, auch wenn sie dafür Verständnis haben mögen, dass andere Zuschauer_innen andere Definitionen haben mögen, ihre eigene nicht als Definition eines Sub-Genres meinen, sondern als Definition von Horrorfilm allgemein – laut *ihrem* Verständnis.

te eines Horrorfilms, wie Unglaubwürdigkeit und/oder schlechte Geschichte/Schauspieler_innen, sowie Filme, die lediglich Altbekanntes reproduzieren, werden dementsprechend als negativ bewertet. Sexismus und „Über-Sexualisierung" im Horrorfilm ist hierbei eine besondere Form der unglaubwürdigen Darstellung.

Warum meine Interviewpartnerinnen welche Präferenzen haben und was ihnen an Horrorfilmen im Unterschied zu anderen Filmgenres gefällt, stelle ich im folgenden Kapitel dar.

4 „Vielleicht ist Gruseln einfach emotionaler als Dahinschmachten" – Faszination und Bedeutung des Horrorfilms

Bei der Erklärung der von mir interviewten Zuschauerinnen, was für sie einen guten Horrorfilm ausmacht, klang bereits an, was ihnen an Horrorfilmen allgemein oder an speziellen Sub-Genres im Vergleich zu anderen (Sub-)Genres gefällt. Allein schon aus Platzgründen bin ich bemüht, Redundanzen zu vermeiden. Aufgrund der engen Verflechtung von Definition – Präferenz – Bedeutung ist dies jedoch nicht immer möglich. Ich weise an den entsprechenden Stellen auf korrespondierende Passagen in den vorigen Kapiteln hin.

4.1 Der Kick

Der offensichtlichste Grund, sich Horrorfilme anzusehen, ist sicher der Nervenkitzel, den er der Zuschauerin bereitet. Dieser wurde in den Interviews zwar nicht immer wörtlich so bezeichnet, aber dennoch häufig genannt[58].

Amanda kommt nach einigem Überlegen zu dem Ergebnis, dass sie Horrorfilme schaut, weil sie „gerne geschockt [wird], weil mich nicht so viel schocken kann. Und ich (..) auf der Suche bin nach einem Film, der das wirklich schafft. [...] Ja, keine Ahnung, ich denke, das wird es sein. [...]" (Amanda, 00:03:14-6). Gerade weil sie, wie sie selbst sagt, nichts so leicht aus der Fassung bringen kann, genießt Amanda es, wenn ein Film genau dies erreicht.

Sadako und Katrina sprechen beide von Adrenalin, wenn sie beschreiben, warum sie gerne Filme schauen, die Angst in ihnen auslösen:

> „[...] Ich weiß nicht, . durch Angst wird ja auch irgendwas ausgelöst, Adrenalin oder so, so genau weiß ich das nicht. Aber (.) ich glaube so (.), ich meine, es gibt ja viele Dinge, die man immer wieder riskiert, obwohl man eigentlich in dem Moment Angst hat, einfach, weil (.) weil einem das so einen Kick oder so was in der Art gibt. Ich weiß nicht. Man rennt ja auch ständig im letzten Moment über die Straße, wenn gerade ein Auto kommt, oder, weiß nicht, oder klettern, Bungee-Springen, viele Sportarten, das sind dann so (.) Sachen, worauf man immer Lust hat, obwohl man so Angst- und das bringt einem ja im Endeffekt gar nichts. (.) ..... Ich glaube, bei Angst wird Adrenalin ausgelöst, oder andere Hormone, weiß nicht. Aber es hat bestimmt was damit zu tun. [...] ich habe auch schon Angst, wenn ich vom Fünfer springe, von daher @(.)@, ... also, mache das trotzdem und ich habe jeden Sommer wieder Angst, wenn ich @(das dann ein, zwei,

58 Vgl. Emily, 00:01:51-2 bis 00:03:58-0, 00:07:22-1 & 00:10:10-5; Reiko, 00:56:49-8 und Angela, 00:01:16-0.

dreimal)@ mache ich das dann auch nur. Aber irgendwie hat man dann auch jedes Mal wieder Angst. Ich springe eigentlich noch nichtmal vom Dreier. @(.)@ [...] Ja. Das ist, ich weiß nicht, ... das kribbelt dann auch richtig im Bauch, oder auch wenn man hoch schaukelt, oder da fällt mir noch ein: .. (.) hier Freimarkt und Osterwiese, Karussells, die man sich nicht traut und die eigentlich @(auch)@ nichts bringen, wo man so (.), da gehe ich dann auch immer rein @(.)@. "Muss einfach". Hat man immer am Anfang Angst und hinterher war das gar nicht so schlimm @(.)@. Dann hat man es hinter sich und dann will man meistens nochmal rein und nochmal. (.) Ja." (Katrina, 00:23:56-6 bis 00:25:40-6)[59]

In letzter Sekunde über die Straße laufen, Bungee-Springen, mit Fahrgeschäften auf dem Jahrmarkt fahren, Klettern, vom Fünfer springen und Horrorfilme schauen – das alles gehört für Katrina in eine Kategorie. Nämlich in die der Dinge, die man macht, obwohl man Angst hat, weil das Überwinden der Angst hinterher mit einem „Kick" belohnt wird. Der Vergleich des Horrorfilm-Schauens mit einer Fahrt in den Fahrgeschäften eines Jahrmarkts wird auch in der Literatur gezogen:

"As much as an exercise in mastery as in terror, the roller coaster ride of horror film viewing is one in which controlled loss substitutes for loss of control. It is a ride in which fans play at victimization and monstrosity, and enter a world where logic founders and the fragility of the human body is evidenced, all from the safety of a theater, or living room, seat." (Pinedo 1997, 133f)[60]

Auch dies ist ein Beispiel dafür, dass sich subjektive und wissenschaftliche Theorien mehr ähneln als von einander abweichen. Abgesehen davon, dass Sadako und Pinedo das gleiche Bild zum Vergleich heranziehen, lässt sich die Aussage von Amanda, dass sie auf der Suche nach einem Film sei, der sie „so richtig schocken" kann, als das interpretieren, was Pinedo als „kontrollierten Verlust an Stelle von Kontrollverlust" bezeichnet. Diesen zu wollen kann mitunter Gründe haben, die über das Suchen des Nervenkitzels hinaus gehen:

4.2 Die bewusste Auseinandersetzung mit eigenen Ängsten

Reiko begreift den Horrorfilm als Möglichkeit, aktiv die Konfrontation der eigenen Ängste zu suchen, anstatt einfach von ihnen überwältigt zu werden. Sie kann sich zu einem gewissen Grad auf diese einstellen und auch selbst bestimmen, inwieweit sie sich auf die Emotionen, die der Film in ihr auslöst, einlassen möchte:

„(3) Ja, ich glaube, das hat echt viel damit, also, (.) zum einen hat das für mich was damit zu tun, sich mit seiner eigenen Angst auseinanderzusetzen. . Dieses Gefühl auch zu

59 Vgl. Sadako, 01:00:19-3.
60 Vgl. Grodal 1997, 173.

> differ-, also zu differenzieren, nicht nur 'Ich hab' Angst', sondern, was irgendwie löst bei mir Angst aus, welche Bilder? Dass es da auch einfach Unterschiede gibt und: . wie kann sich auch Angst anfühlen, in welchen Schwere-Graden? Und, ich glaube, so ganz doll ist auch dieses Grenzerfahrungs(.), also diese Grenzerfahrungsnummer. (.) Dass man sich mit Sachen konfrontiert, aber auch bewusst. Ne, das ist ja nicht so, ich gerate hier rein und 'Hups, hier läuft'n Horrorfilm, . wo bin ich denn hier?', sondern den leihe ich mir selber aus und gucke den. . ... Ich glaube, das hat viel damit zu tun, auch mal über seine eigenen Grenzen zu gehen. Sie vielleicht auch mal weiter abzustecken, aber auch zu sehen, da (.) das und das ist mir echt zu heftig. [...]" (Reiko, 00:56:49-8)

Dass es sich bei den Ängsten, die eine in einem Film dargestellte Situation hervorruft, nicht um die gleichen handelt, wie bei denen, die ausgelöst würden, wäre die Situation echt, steht außer Frage. Nicht umsonst betont Reiko, dass es sie interessiert zu sehen, welche „Bilder" in ihr Angst auslösen.

4.3 Abschalten vom Alltag

Einen Horrorfilm zu schauen hat nicht nur für unterschiedliche Zuschauerinnen unterschiedliche Motivationen. Es kann auch für eine Person mehrere Gründe geben, sich ausgerechnet einen Horrorfilm anzuschauen. Reiko lotet mit ihnen nicht nur ihre eigenen Ängste und Grenzen aus. Auch wenn sie vom Alltag „abschalten" will, sieht sie sich Horrorfilme an:

> „Also, es ist auch für mich, glaube ich, so ein (.) .. mal ganz stumpf irgendwie einfach ein Abschalten vom Alltag. Wenn ich da drüber nachdenke, früher: eben noch im Hort gearbeitet und dann, zack, nach Hause kommen und (.) erstmal einen krassen Film angucken oder so. Da ist man einfach (.) wirklich erstmal mit was anderem beschäftigt, egal, welchen Inhalt das hat, man schaltet nur erstmal wirklich völlig ab, so. Das hat nichts mit meinem Alltag oder mit meiner Realität dann zu tun. Und das .. spielt da, glaube ich, auch ziemlich mit rein, warum ich solche Sachen gucke. [...]" (Reiko, 01:01:02-6)[61]

Von der Realität abzulenken ist kein Spezifikum des Horrorfilms, sondern etwas, wozu Film allgemein in der Lage ist und genutzt wird.[62] Der Horrorfilm scheint diese „Realitäts-Flucht" lediglich auf eine besonders intensive Art und Weise zu ermöglichen: Horrorfilme zwingen die Zuschauerin geradezu, emotional und/oder geistig ganz auf das Geschehen auf der Leinwand konzentriert zu sein, so dass die Realität mit ihren Sorgen und Nöten völlig verdrängt wird.

61 Vgl. auch Amanda, 00:01:16-9 und 00:03:54-9.

62 Siehe auch im *Exkurs*, S. 73.

4.4 Humor

Wie der Aspekt der Gemeinschaft noch zeigen wird, ist Spaß ein wichtiger Faktor beim Horrorfilm-Schauen.[63] Ob allerdings Humor im Horrorfilm wichtig ist, lässt sich nicht so einfach beantworten.

> „Sadako: [...] Das [Fido, S.W.] ist zum Beispiel ein lustiger Horrorfilm.
>
> I: Ist Humor wichtig (.) bei Horrorfilmen, also, dass sie lustig sind?
>
> Sadako: (2) Nnein. (.) Es gibt Horrorfilme, die sind von der ersten bis zur letzten Minute kein (.) Stück (.) witzig (.). Da gibt es nichtmal ein blöden Spruch, der witzig ist. Weil .... Horrorfilme einfach nicht dafür gemacht sind, lustig zu sein. Es gibt Horrorfilme, da wird mal ein blöder Spruch oder ein Slapstick eingebaut, so um die ganze Situation ein bisschen aufzulockern und es ein bisschen lustiger zu machen so, um die Leute noch mal eben (atmet hörbar durch) durchatmen zu lassen, so eine kleine Pause von dem was darauf kommt, meistens kommt es dann nämlich erst rrichtig dick, wenn der Witz abgelassen wurde (.) und . aber ich finde, wichtig ist das nicht. Also ich gehe ja nicht in einen Horrorfilm, um zu lachen, sondern um mich zu gruseln und da anders unterhalten zu werden.
>
> I: Aber du sagtest ja eben, dass ..... was dir an Zombies gefällt, ist, dass sie auch oft lustig sind oder gut für Gags .- würdest du dann sagen (.), wenn du sagst, du gehst nicht in einen Horrorfilm um zu lachen, dass (.) wennnn . bestimmte Filme, meinetwegen Zombie-Filme oder so, wenn die lustig sind, dass es dann keine richtigen Horrorfilme mehr sind?
>
> Sadako: Ja. Doch. . 'Shaun of the Dead' ist ein Zombie-Film, aber das ist eigentlich kein Horrorfilm, weil der ist ja witzig. [zählt Szenen auf, die in dem Film lustig waren, erklärt dann, was an Fido lustig und interessant ist]" (Sadako, 00:40:17-7 bis 00:42:50-9)

Obwohl Sadako über *Fido* zunächst sagt, dass dies ein lustiger Horrorfilm sei, nimmt sie die Kategorisierung „Horrorfilm" sofort wieder zurück. Und auch *Shaun of the Dead* bediene sich zwar an Stilelementen aus dem Horrorgenre, sei aber eher eine Komödie, wie sie sagt.

Humor scheint ein ambivalentes Element des Horrorfilms zu sein – einerseits bietet er der Zuschauerin Gelegenheit, sich zwischendurch von der Anspannung zu erholen, wie Sadako es beschreibt, andererseits sind sie und andere Interviewpartnerinnen dazu geneigt, einen Film als Horrorfilm zu disqualifizieren, sobald Humor eine größere Rolle darin spielt[64].

---

63 Siehe *Kapitel 4.7*, S. 67 und *Kapitel 5.2*, S. 81ff.

64 Vgl. auch: Amanda, 00:03:03-2 und Reiko, 00:56:49-8.

4.5 Genre-Präferenzen

Wie die Zuschauerinnen unterschiedliche Definitionen formulieren und auf unterschiedliche Elemente im Horrorfilm Wert legen, so haben sie auch unterschiedliche Vorlieben, was die Sub-Genres des Horrorfilms betrifft. Dies trifft hauptsächlich auf diejenigen unter meinen Interviewpartnerinnen zu, die ein ausgeprägtes Interesse an Horrorfilmen haben.

Emily reagiert besonders stark auf Horrorfilme, in denen Angst durch *psychologische Phänomene* erzeugt wird. Die Illusion, ins Geschehen des Films involviert zu sein, geht hierbei über das „Kopf-Kino“ hinaus, bis in ihren Körper:

> „. Der Nervenkitzel dabei und dieses . (.) dieses, dass du den guckst und da ist ja dieser Spannungsbogen und ich finde halt, dass der beim Psycho-Thriller am . besten halt zur Geltung kommt, weil du halt die ganze Zeit da sitzt und so du merkst richtig, wenn (.) ja, wenn das Monster jetzt aus der Ecke springt, danach merkst du richtig, wie auf einmal diese ganzen Muskeln, die du vorher angespannt hast, sich wieder entspannen und das ist irgendwie dieses Gefühl (.) ., ja, mitten drin zu sein, aber eigentlich doch sicher zu sein und nicht . so in Gefahr zu sein, wie die da drin, aber man sich trotzdem in diese Situation reinversetzen kann, dass man .. halt genau weiß, dass man selber eigentlich nicht viel anders reagieren würde ... als die und obwohl man ganz genau weiß, dass man das eigentlich nicht machen sollte, man soll ja nicht .. nach oben rennen, sondern raus und solche Sachen halt. Und dass du auch in dem Moment, na ja, dann doch einfach nach oben (...) und eigentlich im Nachhinein halt erst merkst, dass du hättest rauslaufen sollen oder, auch wenn du, also, wenn ich Filme gucke zum Beispiel, also Horrorfilme, kann ich meine Füße nicht auf dem Boden haben, weil ich immer dieses Gefühl habe, dass unter der Couch dann irgendwas ist. Dann, dieser . Nervenkitzel halt, dass du denkst, dass das (gleiche) auch hier sein könnte, also, bei dir zu Hause, dass das da auch alles passieren könnte und dass es nicht so unrealistisch ist eigentlich. [...]“ (Emily, 00:03:58-0)[65]

Auch wenn sie sich die ganze Zeit darüber im Klaren ist, „eigentlich doch sicher zu sein“, weil es nun einmal ein Film ist, ist es für Emily wichtig, dass der Film möglichst realitätsnah ist, damit sie sich „mitten drin“ fühlen kann. Auffällig ist hier, dass Emily von einem „Monster“ spricht, das aus der Ecke springt und gleichzeitig davon, dass sie sich bei diesen Filmen gut vorstellen könne, dass das Dargestellte auch bei ihr zu Hause stattfinden könnte. Dass sie nicht von einem fantastischen Wesen spricht, legt ihre bereits in *Kapitel 3.1* besprochene Aussage nahe, derzufolge sie keine Angst bei derartigen Kreaturen empfindet (siehe S. 40).

---

65 Vgl. auch Amanda, 00:03:03-2.

Es dürfte also ein menschliches Wesen sein, das Emily hier als Monster bezeichnet.

Wie zum Schluss des *Kapitels 3.2* bereits genannt, mag Reiko vor allem drei Arten von Horrorfilmen: Zombie-, Slasher- und asiatische Horrorfilme (siehe S. 51). Sie schätzt

> „(2) .... [a]n den Zombie-Filmen (2), also .. das ist so ein bisschen schwierig, früher habe ich viel so (.) alte Zombie-Filme geguckt, das . so dieses 'Sie-sind-langsam-und-kriegen-dich-trotzdem-Ding' und (.) . das . finde ich irgendwie, das reizt mich, aber ich mag auch ganz gerne diese (.) neue Zombie-Generation. Die sind jetzt schnell und @(.)@ ne, nicht langsam und kriegen dich trotzdem. Das ist irgendwie nochmal so ein neuer Spannungs(.)effekt, der da reingekommen ist, weil irgendwann langweilen einen auch die alten Sachen, also das ist dann auch immer so dasselbe. . (.) Ja, Slasher-Filme, das ist schon so (.) . das sind schon ganz schöne Grenzerfahrungen für mich so. Die kann ich auch, da gucke ich auch mal weg oder erschrecke mich ganz schön. Das sind so bestimmte Bilder, glaube ich, die, also jeder springt ja auch auf was anderes an, ne? Für mich ist der und der Film heftig, für dich vielleicht ein anderer. Naja und bei den Asia-Movies ist das wirklich so, die arbeiten mit ganz anderen Effekten. Also viele Sachen, wenn man regelmäßig Horrorfilme guckt oder auch echt, ich gucke sowas auch schon total lang . dann kennt man einfach auch bestimmte Stilmittel, ne, man weiß, 'Ok, der ist jetzt da hinten, zehn Sekunden hab' ich noch Zeit', dann @(.)@ wenn ich es nicht aushalte, kann ich immer noch weggucken und bei solchen Filmen wie 'The Ring' oder so ist das einfach noch mal ganz (.) ganz anders. Da rechnet man nicht mit, das ist irgendwie was Ungewöhnliches und (.) . ich finde auch . ja, wie soll ich das, das sind auch oft nochmal so künstlerische Effekte, die da eingebaut sind, ganz andere Bilder und ganz andere Lichtverhältnisse auch gar nicht irgendwie so viel Action hier und da und trotzdem, irgendwie gruselt man sich so und das finde ich echt ganz interessant. Das mag ich ganz gern, mal ein bisschen was Neues." (Reiko, 00:08:39-3)

Es wird deutlich, dass es Reiko nicht ausreicht, mit einem „Gotcha! Moment" erschreckt zu werden, denn auch wenn sie wirken, werden Tricks vorhersehbar.[66] Darum schätzt sie, wenn Klassiker – wie Zombies – einer Generalüberholung unterzogen werden und so die Sehgewohnheiten der Zuschauerin herausfordern. Die gleiche Wirkung können Filme aus anderen Kulturkreisen haben, die mit anderen Stilmitteln arbeiten als der westliche Horrorfilm. Die asiatischen Filme sind für Reiko wirkungsvoll, da sie mit ihren Spielregeln weniger vertraut ist, was die

66 „Gotcha!" (von „I got you") = „Hab' ich dich!". Der Filmkritiker Roger Ebert führt in der Rezension eines Horrorfilms diesen sehr passenden Begriff für ein – nicht nur in Horrorfilmen – häufig eingesetztes Mittel ein: „A Gotcha! Moment is a moment when something is sudden, loud and scary. This can be as basic as the old It's Only a Cat cliché, or as abrupt as a character being hit by a bus." - Ebert 2010.

Filme *unvorhersehbar* macht. Auch in ästhetischer Hinsicht unterscheiden sich diese Filme von der Machart der US-amerikanischen und europäischen, was Reiko ebenfalls gefällt. Sie schaut sich Horrorfilme also nicht nur in Hinsicht auf ihren „Gruselfaktor" an, sondern bewertet sie nach Kriterien, die auf jeden Film angewendet werden können. Slasher-Filme werden für Reiko zur „*Grenzerfahrung*", die sie, wie bereits dargelegt, in Horrorfilmen sucht, um sich mit ihren Ängsten auseinander zu setzen (siehe auch S. 58).

Auch Sadako ist von Zombies fasziniert, ebenso wie von Geistern. Beide Vorlieben stehen im Zeichen der *kreativen Neuerfindung eines bekannten Phänomens:*

> „(2) An Zombies mag ich, beziehungsweise find ich einfach so spannend, dass, (2) wenn denn der Zombie kommt, dann kommt er in Massen, weil (.) der sich nunmal verbreitet wie die Pest. So, je nachdem was man für, was für einen Film man guckt, entweder man wird gebissen und es ist eine Seuche die einen zum Zombie macht, man stirbt, man steht wieder auf, wie in 'Dawn of the Dead'. Oder . (.) man (.) ist tot und steht dann wieder auf. So, wie bei 'Resident Evil', so, das waren ja unterschiedliche Zombies. Und . das find ich einfach so cool, weil (.) da ist auf einmal ein massives Problem im Anmarsch so und das macht die einfach so wahnsinnig, wahnsinnig spannend. Ich kann jetzt vor fünf Zombies wegrennen und bin schneller als die, habe aber das Problem, dass aus der linken Seitenstraße nochmal zwanzig dazu kommen. Das macht die einfach so cool. (.) So, wenn sie kommen, kommen sie zuhauf. (.) Und . an Geistern mag ich, dass die so (2) unberechenbar sind, auch in dem, wie sie auftreten. Es gibt ja ortsbezogene Geister, es gibt freie Geister, Poltergeister, stille Geister, traurige Geister, "laute Geister, alles" (... kann man sich) tot schmeißen mit. Und . dass man da einfach so eine schöne Vielfalt an Geistern hat. So, man kann jetzt sagen, 'Hier ist ein Haus. (.) Hier (.) spukt ein Poltergeist', so, und dieser Poltergeist der hat einfach wahnsinnig, wahnsinnig viele Möglichkeiten, dir auf die Nerven zu gehen. So, .. sobald du den Raum betrittst, reißt er dir die Tür auf aus der Hand und haut sie dir einmal vor die Nase. (2) Oder du machst das Licht an und er macht es wieder aus. Oder er lässt deinen Mixer hochgehen, um nur die harmlosen Beispiele zu nennen. Der schmeißt dich auch die Treppe runter und schmeißt Bücherregale auf dich. Das macht den Poltergeist einfach so spannend. Also Geister im Allgemeinen. So, dann hast du auch . so, Geister, die da traurig in der Ecke stehen und als Wegweiser dienen, die find ich auch cool. So, weil die tauchen auch mal eben im Badezimmer auf, wenn du beschäftigt bist. Geister sind cool, die gibt es, die tauchen einfach überall auf, die haben auch keinen Respekt vor Privatsphäre. Die finde ich auch cool." (Sadako, 00:35:21-6)

Wie Reiko schätzt auch Sadako, wenn ein (Horror-)Film Neues bietet. An Filmen mit Untoten gefällt ihr das immer wieder in neuen Variationen auftretende Problem, „Eine kleine Anzahl von Menschen muss sich gegen eine Überzahl von Angreifern verteidigen", das dementsprechend immer wieder auf neue Weise gelöst werden muss. Auch die Figur des Geistes nimmt im Horrorfilm die vielfältigsten Gestalten und Eigenarten an, weshalb Sadako diese Filme ebenfalls gefallen.[67]

Horrorfilm ist also nicht gleich Horrorfilm, und gerade diejenigen der von mir interviewten Zuschauerinnen, die besonders gerne Horrorfilme schauen, sehen sich nicht wahllos irgendeinen Horrorfilm an. Doch es gibt nicht nur Gründe dafür, eine bestimmte Art von Horrorfilmen einer anderen vorzuziehen, sondern auch dafür, warum eine Zuschauerin sich lieber einen Horrorfilm als einen Film eines anderen Genres ansieht. Der folgende Abschnitt behandelt diese Gründe.

4.6 Horrorfilme sind …

4.6.1 … bewegend

Auf die Frage, warum es einen Unterschied mache, bei *Titanic* zu schmachten oder sich bei einem Horrorfilm zu gruseln, antwortet Angela:

> „(3)Vielleicht ist Gruseln einfach (.). emotionaler als irgendwie (.) Dahinschmachten? (3) ..... Wenn man sich gruselt, da zieht man sich nicht zurück in sich, sondern (.) . (2) wenn man sich gruselt, dann bewegt man sich auch und (.) . zittert oder was weiß ich was, dann ist das nicht so, dass man einfach nur da sitzt oder so. Man tut was @(.)@.“ (Angela, 00:18:31-3)

„Dahinschmachten“ ist für Angela eher nach innen gerichtet, wohingegen die Zuschauer_innen, wenn sie sich gruseln, sich nicht in sich zurück ziehen, sondern die damit verbundenen Emotionen nach außen tragen und mit ihrem Körper zum Ausdruck bringen.

---

67 Die Wichtigkeit des Neuen für Sadako wird außerdem deutlich, als wir ihre Abneigung gegen Vampir-Filme besprechen. Sie lehnt dieses Genre bzw. diese Figuren vor allem aus dem Grund ab, dass sie nicht neu erfunden würden:

> „Sadako: [...] Schönes Beispiel ist jetzt zum Beispiel diese 'Bis(s)'-Serie, so. So, da geht es nicht um den Vampir an sich, sondern da geht es eigentlich nur darum 'Der Vampir ist sexy und, oh Wunder, eine Sterbliche hat sich in den verknallt' und das findest du in jedem Vampir Film so: entweder er frisst sie und sie ist tot oder er macht sie zur Vampirin oder er stirbt ganz theatralisch. So. Auch bei diesen 'Blade'-Filmen. So, ... ich würde mir wirklich wünschen, einen hässlichen Vampir zu sehen. So, die können nicht alle schön sein. So.
> I: Also stört dich im Prinzip daran, dass .... die Geschichte immer wieder gleich erzählt, also, .. wenn jetzt ein Vampir-Film mit einem hässlichen Vampir oder irgendwas käme, was untypisch für diese Art von Film wäre (.)
> Sadako: Das wäre cool. das wäre wirklich (.)“ (Sadako, 00:32:54-5 bis 00:33:03-5)

4.6.2 … realistisch

Dass sie sich in Horrorfilme hineinversetzen und sich vorstellen kann, dass das Geschehen im Film auch in der Wirklichkeit stattfinden könnte, ist ein wichtiges Kriterium für Emily.[68] Ihrem Dafürhalten nach kann ein guter Horrorfilm die Realität überzeugender abbilden als Filme anderer Genres:

> „[...] Wohingegen ja solche High-School-Musical-Filme zum Beispiel, das ist ziemlich unrealistisch, dass du jemanden triffst und dann (.), ne, mit diesem ganzen Singen und so. Deswegen (2) finde ich Horrorfilme halt so gut, weil das eigentlich- und vor allen Dingen hört man ja auch viel in den Nachrichten immer und auch von irgendwelchen (.) Mördern, die durch die Gegend laufen oder so und (.), weiß nicht, das kann man irgendwie besser (.) verbinden ins Hier und Jetzt rein. Deswegen gucke ich das halt so gerne. [...] Und wogegen, ich finde diese ganzen, ja diese Liebesfilme, das ist halt einfach unrealistisch, dass es wirklich so abläuft, dass (.) und dass beide sich auf den ersten Blick ineinander verlieben und so, ich finde, das ist halt wiederum, das ist jedes Mal anders und das kann man nicht als Film verfassen, wohingegen so ein Mord, entweder du bist tot oder du bist nicht tot, so. Und bei Liebe ist es ja immer ein ganz anders Spiel oder, was gibt es denn noch (.) für Filme . (.)? Ja, Science-Fiction, das ist ja sowieso ganz, ganz weit weg von der Realität und ich finde Horrorfilm ist irgendwie (.). Da gibt es meistens nicht so abgespacete Sachen wie in . hier, ne, Science-Fiction-Filmen [...]" (Emily, 00:03:58-0 bis 00:06:19-5)

Emily hat an Filme ganz allgemein den Anspruch, dass sie Realität darstellen, in dem Sinne, dass das, was im Film stattfindet sich auch in der Wirklichkeit genau so zutragen könnte. Sie kann Liebesfilmen nichts abgewinnen, weil deren Geschichte immer wieder nach dem gleichen Muster aufgebaut ist. Sie entsprechen allein deswegen nicht der Realität, weil Liebe und Sich-Verlieben, so Emily, weder nach diesem Muster funktionieren, noch überhaupt jemals gleich sind. Abgesehen von einer Geschichte, die Emily als unrealistisch empfindet, stören Emily auch stilistische Elemente, wie die Tanz- und Gesangseinlagen in Musical-Filmen, wie z. B. der *High School Musical*-Reihe, und zwar aus dem gleichen Grund: dass diese nicht der Realität entsprechen. Auch Science-Fiction-Filme mag Emily deshalb nicht, weil sie nicht das widerspiegeln, was sie als eine mögliche Realität wahrnimmt, sondern „abgespaced" (fantastisch) sind. Im Gegensatz dazu sind die Szenarien in den Horrorfilmen, die Emily sich gerne ansieht, auch in der Realität für sie vorstellbar.

68 Vgl. *Kapitel 3.1*, S. 40.

4.6.3 … vielfältig

Wie Emily mag auch Sadako keine Liebesfilme und High-School-Geschichten – ebensowenig wie Komödien und Vampirfilme:

> „Die einen lachen gerne, (.) die anderen weinen gerne (.) und die anderen gruseln sich gerne – fertig. Die einen gucken sich liebend gerne ... Komödien an, weil sie es einfach witzig finden, aber ich finde das so plump und es (ist) wieder genauso (.) ausgelutscht, das Thema Komödie ist genauso ausgelutscht wie das Thema Leonardo DiCaprio. Oder Vampire, so, da gibt es einfach nichts Neues, was mich überraschen würde. Liebesgeschichte ist auch immer das Gleiche. Der Loser verliebt sich in die High-School-Schnekke, die Schönste vom ganzen Hof und sie dann in einer melodramatischen Wende dann auch in ihn und alles ist schön (.) und beim Horrorfilm hast du immer noch so ein (.), da sehe ich mehr Möglichkeiten." (Sadako, 00:58:25-4)

Diese Aussage mag zunächst recht ähnlich klingen wie die von Emily. Bei genauerer Betrachtung wird jedoch deutlich, dass die Gründe von Sadako, sich lieber Horror- als andere Filme anzusehen, etwas anders gelagert sind: Sie beklagt vor allem deshalb, dass Filme anderer Genres sehr standardisiert sind, weil die Wiederholung einer Formel ihr nichts Neues bieten kann. Beim Horrorfilm sieht Sadako hingegen mehr Möglichkeiten, eine Geschichte anders/neu zu erzählen, was den Film weniger vorhersehbar macht und die Zuschauerin erwarten darf, überrascht zu werden.

4.6.4 … beruhigend

Alice ist zunächst recht ratlos, als ich ihr die Frage stelle, warum sich überhaupt jemand Filme ansieht, die vor allem negative Empfindungen auslösen. Doch die vorsichtig, fast fragend formulierte Antwort trifft dennoch einen wichtigen Punkt:

> „Warum man das möchte? (I: Ja) Gott, ich weiß nicht, ich habe keine Ahnung. Aber (3) ob man es mag, sich zu erschrecken? Ja eigentlich ja nicht. .. Das sind eher so (.) negative (.) Sachen (.), die da irgendwie so ein Horrorfilm anspricht. (2) Vielleicht irgendwie, dass . (4) .. dass das irgendwie so ist, dass das (im Film) halt total anders ist und dass man irgendwie froh ist, dass es .. in seinem Leben nicht so ist oder (.) . . man weiß halt auch immer noch, dass das eine andere Welt ist, also, in die man da grade reinguckt quasi. (.) Aber warum will man das? Das ist eigentlich eine gute Frage. (I: @(.)@) (4) Ich weiß es nicht. (.) Warum mag man sich erschrecken? (.) (beide: @(.)@) Oh Gott. (.) Das habe ich mich noch nie gefragt (I: @(.)@) [...]" (Alice, 00:13:59-2)[69]

Die eigenen Nöte und Sorgen der Zuschauerin werden beim Schauen eines Hor-

69 Vgl. auch Emily, 00:06:19-5.

rorfilms relativiert. Der Film führt ihr buchstäblich vor Augen: es hätte auch schlimmer kommen können. Die Zuschauerin kann sich außerdem jederzeit von den „negativen Sachen" distanzieren, indem sie sich in Erinnerung ruft, dass sie in eine „andere Welt" hineinsieht. Dies veranschaulicht noch einmal, was Isabel Pinedo meint, wenn sie davon spricht, dass die Zuschauerin durch den Horrorfilm die Zerbrechlichkeit des menschlichen Körpers aus der Sicherheit des Wohnzimmers erleben könne (vgl. *Kapitel 4.1*, S. 58).

4.6.5 ... Filme, wie andere auch

Letztlich hat jedes Filmgenre seine ganz spezifischen Merkmale, worin sich der Horrorfilm, meint Reiko, nicht von anderen Genres unterscheidet:

> „[...] [W]enn ich andere Filme gucke, lösen die bei mir ja auch Gefühle aus, . wenn ich irgendein Drama gucke oder so. [...] Für einen Außenstehenden ist es vielleicht nur so 'Öh, was gucken die da für 'ne kranke Scheiße? Die können doch nicht ganz dicht sein und die müssen doch gestört sein', . (.) das ist für mich aber nicht so (.) vielleicht gibt es solche Leute bei denen das so ist, aber . das ist schon genauso ein Filmgenre, wie alle anderen auch und das kann man nochmal in ganz viele Bereiche unterteilen und (.) das hat irgendwie einen Grund, warum Leute so was gucken und das hat auch eine Geschichte und das finde ich irgendwie auch interessant, [...]" (Reiko, 01:01:02-6)

Nicht nur der Horrorfilm vermag es, starke Gefühle auszulösen. Dramen z. B. tun dies auch. Selbst wenn es für Außenstehende keine vernünftigen Gründe geben mag, sich dem auszusetzen, was durch Horrorfilme ausgelöst wird, so existieren diese Gründe dennoch und haben auch ihre Berechtigung, ist Reiko überzeugt – wie übrigens auch Sadako (vgl. S. 66).

4.7 Das Gemeinschaftserlebnis

Ganz abgesehen von seinem Inhalt, bietet der Horrorfilm Gelegenheit zu einem intensiven Gemeinschaftserlebnis, welches die Zuschauer_innen in dieser Form bei anderen Filmen nicht erfahren:

> „[...] Und . ja mit den ganzen Freunden ist es halt so ..... das bildet irgendwie, finde ich, manchmal noch so einen Zusammenhalt halt. Wenn sich alle erschrecken, ... das ist ja so eine Gemeinschaftssache, alle haben sich gerade erschrocken, so, und dadurch ist es irgendwie, ja. Danach denkt man auch nur so, 'Ja warum hat man sich da denn erschrocken?' und dann reden wir auch wieder da drüber und so, und deswegen (.) also (.) ja genau, deswegen. Das macht Spaß." (Emily, 00:16:18-5)

Aus der Sicht von Emily stärkt es also das Gruppengefühl der einzelnen, zu sehen, dass die anderen genau so ängstlich wie sie selbst reagiert haben. Außerdem fördert das sichtbare gemeinsame Erleben des Erschreckens die kommunikative Reflexion des Ereignisses.

Angela erlebt Ähnliches, wenn sie sich Gruselfilme mit Freund_innen ansieht:

> „Angela: Alleine . tue ich das ja nicht, und ich kann mir auch nicht vorstellen, dass das irgendwer gerne alleine macht. Aber so zu zweit ist das einfach auch noch lustig. Wie man (.) sich dann über den anderen schlapp lachen kann, weil der sich so gruselt und (.) man gruselt sich eigentlich selber so, aber man lacht über den anderen. Also, zu zweit ist das lustiger. Alleine würde ich mir das echt nicht antun. Nur eben @(an Sonntagen)@ aber (2) ich weiß nicht, (.) weil es Spaß macht, zu zweit Filme zu schauen, die (.) ich meine jetzt so, bei einem Liebesfilm oder so, da sitzt du einfach nur da und guckst dir den Film an. Bei einem Gruselfilm, da redest du zwischendrin mit dir und (spricht mit gespielt ängstlicher Stimme), 'H-h guck mal, h-h-h, ich hab' Angst', (wieder mit normaler Stimme) so. Und bei einem Liebesfilm, oder auch bei einer Komödie, da lachst du zwischendrin halt manchmal zusammen, aber (2) so, man ist nicht-, es ist nicht so, als würde man zusammen einen Film gucken, sowas guckt man sich auch alleine an. Aber einen Horrorfilm guckt man sich eigentlich immer zu zweit an. (.) Also, eigentlich kenne ich niemanden, der Horrorfilme gerne alleine anguckt
>
> I: Also, es verbindet sozusagen ein bisschen (Angela: Ja, genau.), dass man gemeinsam Angst hat?
>
> Angela: Genau. (2) So bei 'Titanic' kann man nicht gemeinsam irgendwie so (seufzt gespielt) dahin schmachten. Aber irgendwie (.) bei Gruselfilmen kann man das(.) geht das irgendwie besser.“ (Angela, 00:17:22-7 bis 00:17:41-0)

Der Horrorfilm stellt nicht nur ein Zusammengehörigkeitsgefühl her, sondern noch dazu eines, welches Filme anderer Genres nicht produzieren können: durch die intensiven Gefühle, die der Film bei ihr und den anderen Mit-Zuschauer_innen auslöst, empfindet sie stärker, dass sie nicht nur beide den gleichen Film schauen, sondern ihn *miteinander* erleben.

Katrina gefällt nicht nur das gemeinsame Schauen und Erschrecken, sondern auch oder vor allem das „Rumkreischen“ als Reaktion sowohl auf den Film als auch auf die Reaktionen der anderen:

> „[...] bei Mädchen ist das nicht schlimm, wenn man Angst hat oder sich halt so rum kreischt, oder so. Das ist total erlaubt, das ist sogar eigentlich das Lustige daran, weil, wenn einer kreischt, müssen alle kreischen und @(danach muss man wieder lachen)@. [...]“ (Katrina, 00:07:45-4)[70]

Sich so weit gehen lassen zu können, diese Reaktionen zu zeigen, funktioniert

70 Vgl. auch Emily, 00:26:50-6 & 00:27:34-1 und Angela, 00:02:57-2 & 00:06:03-3.

nach der Erfahrung von Emily und Katrina nur mit Mädchen/Frauen. Mehr noch, unter Frauen/Mädchen erleben sie das „Rumkreischen" nicht bloß als eine zufälliges Nebenwirkung der Film-Rezeption, sondern als einen zentralen Aspekt der Unterhaltung. Auf die Geschlechtsspezifika des Horrorfilm-Schauens werde ich später eingehen, ebenso wie auf den Aspekt des Horrorfilm-Schauens alleine vs. zu mehreren, der bei Angela bereits angeklungen ist.[71]

Nicht alle meine Interviewpartnerinnen schätzen die Gruppenerfahrung gleichermaßen. Reiko schaut eben aufgrund der Reaktionen, die sie dabei zeigt, ungern Horrorfilme im Kino oder allgemein mit Menschen, die sie nicht gut kennt, denn „das ist irgendwie (.) also (.) ich sitze da nicht total abgestumpft, ne? ... Das ist für mich irgendwie (.) weiß ich nicht. Da zeige ich Emotionen, da zeige ich andere Emotionen als wenn ich mir eine Komödie angucke, die vielleicht auch nicht so (.), ja, (weil es) vielleicht nicht so normal ist, dass man sich so in der Öffentlichkeit zeigt, oder nicht so anerkannt [...]" (Reiko, 00:32:58-7)[72].

Wie Reiko es ausdrückt, ist der Horrorfilm ein Genre wie andere auch – und als solches hat er seine Charakteristika, die bestimmte Bedürfnisse in den Zuschauerinnen stillen: Sei es die Lust am Nervenkitzel, die Herausforderung, sich einer Mutprobe zu unterziehen und die eigenen Ängste zu konfrontieren oder zu relativieren. Sei es die Ablenkung vom Alltag, sei es die Fähigkeit des Films, die Zuschauerin im wahrsten Sinne des Wortes zu bewegen. Sei es das Heraufbeschwören der Illusion, mittendrin im Geschehen zu sein. Sei es, weil der Horrorfilm unter den Zuschauer_innen ein Zusammengehörigkeitsgefühl schafft, das intensiver ist, als sich miteinander z. B. eine Komödie anzusehen. Da dieser letztgenannte Punkt kein inhaltlicher Aspekt des Horrorfilms selbst ist, aber eine sehr zentrale Bedeutung für das Vergnügen der von mir interviewten Zuschauerinnen am Horrorfilm hat, werde ich ihn in einem eigenen Kapitel eingehender betrachten (*Kapitel 5.2*, S. 81ff).

71 Geschlechtsspezifika: *Kapitel 5.2.3*, S. 86 und *5.3.2*, S. 98, Aspekt des Horrorfilm-Schauens alleine vs. zu mehreren: *Kapitel 5.2.1*, S. 81.
72 Vgl. auch Reiko, 00:40:07-6.

Exkurs: „Mädchenfilme, Hollywood und so Zeug" – Bedeutung von Film und Fernsehen allgemein für die Interviewten

Es erscheint mir sinnvoll, das Verhältnis meiner Interviewpartnerinnen zu Horrorfilmen vor dem Hintergrund ihrer sonstigen Film- und Fernsehgewohnheiten zu betrachten. Ich möchte behaupten, dass es einen Unterschied macht, ob eine Zuschauerin viele Horrorfilme schaut und sonst wenig oder gar keine Filme, weil andere Genres sie nicht interessieren, oder ob eine Zuschauerin viele Horrorfilme schaut, weil sie allgemein an Filmen interessiert ist, und der Horrorfilm ein Genre unter vielen für sie ist. Auch wenn ich keine quantitative Erhebung gemacht habe über die Häufigkeit, mit der meine Interviewpartnerinnen Horrorfilme schauen, so machten sie in den Gesprächen doch Angaben dazu. Sadako schaut kaum etwas anderes als Horrorfilme, Alice schaut eigentlich kaum Horrorfilme, Katrina schaut überhaupt kaum etwas, Reiko schaut zwar viele Horrorfilme, aber auch viele andere Filme und Serien. Die folgenden Aussagen meiner Interviewpartnerinnen bezüglich ihrer sonstigen Film- und Fern-Seh-Gewohnheiten sollen den Leser_innen, wie die Vorstellung (*Kapitel 2*, S. 31ff), einen Hintergrund für die Hauptkapitel dieser Arbeit liefern.

Was die Filme jenseits des Horrorgenres angeht, sind die Vorlieben meiner Interviewpartnerinnen so verschieden, dass ich ihre Ausführungen nicht in thematischen Gruppen angeordnet habe, sondern sie einfach kurz der Reihe nach vorstelle. Ich habe nicht nur nach sonstigen Filmgenres gefragt, sondern ganz allgemein, was sie sich außer Horrorfilmen gerne ansehen. Es wurden dementsprechend auch Fernsehprogramme genannt.

Emily sieht sich gerne amerikanische Krimiserien mit ihrer Mutter an:

> „.... Mein Papa und mein Bruder waren . in der Kur, weil mein Bruder so schwer krank ist, [...] und (Jenny und Sadako) waren halt grad in dem Alter, wo die halt so, also mitten in der Pubertät, wo die nicht mit Mama was machen wollten, da war ich halt sozusagen Einzelkind. Da waren Mama und ich immer oben und haben Fernsehen geguckt zusammen abends und da haben wir auch diese Krimiserien geguckt und da haben wir halt auch darüber geredet und da meinte sie, 'Ja, wieso, mach das doch, das ist doch was für dich, wenn dich das so-', weil ich halt auch immer, 'Ja, Mama, die müssen da und da gucken'. Also, da war ich halt auch schon wieder so, eigentlich innen drin und ich habe da immer so, 'Ja da müssen die noch gucken und da habe ich was gesehen'. So und ., ja, da meinte Mama halt, 'Das wär' doch was für dich, warum machst du das

> nicht?'. .... Seitdem gucke ich halt immer diese Krimi-Serien, also 'CSI' und so was alles, und denke aber jedes Mal, 'Das ist nicht so einfach, wie die das da darstellen, das ist nicht so einfach'. Aber das wäre halt immer noch mein, "also, das ist immer noch das, was ich eigentlich werden will"." (Emily, 00:16:38-8)

Was Emily an Horrorfilmen wichtig ist, findet sie auch in den Krimiserien: das Gefühl „eigentlich innen drin" im Geschehen zu sein, mitzufiebern und mitzuraten. Ebenfalls deutlich wird, dass die Gesellschaft ihrer Mutter hier eine besondere Rolle spielte. Auch beim Horrorfilm ist es für Emily relevant, mit wem sie die Filme schaut (siehe *Kapitel 5.2*, S. 81). Ansonsten sieht Emily sich auch gerne Komödien und Reality-Shows an:

> „@(Krimiserien und Horrorfilme)@, ja. Das sind meine (Favorites). Das gucke ich am liebsten. Und dann zwischendurch halt mal, [...] gucke ich halt auch gerne Komödien oder halt so Reality-Shows. 'We are family!', . 'Verdachtsfälle', sowas." (Emily, 00:17:26-0)

Auch wenn sich darüber streiten lässt, wie wirklichkeitstreu Reality-TV ist, so passt diese Vorliebe von Emily doch zu ihrem Anspruch an Horrorfilme, dass sie möglichst realistisch in einem sehr strengen Sinne sein sollen. Die Komödien scheinen hier etwas aus dem Muster herauszustechen. Aber wie Angela sagt: „Komödien schaut ja jeder, ne? @(.)@" (Angela, 00:14:22-0).

Alice ist keine „eingefleischte" Horrorfilm-Liebhaberin, sondern sie schaut „lieber so Action-Filme. (.) .... Das ist halt so unreal. . . . Ja, das ist halt bei Horrorfilmen anders. Das ist irgendwie noch realer" (Alice, 00:02:28-9). Wie Emily findet Alice Horrorfilme sehr wirklichkeitsnah. Anders als Emily mag sie es jedoch gerne „unreal" und schaut daher lieber Action- als Horrorfilme. Diese Vorliebe macht sich, wie bereits erwähnt, bemerkbar, wenn Alice Horrorfilme schaut.[73] Zu Alices Actionfilm-Sammlung gehören z. B. *Lucky Number Slevin*, *Das Vermächtnis der Tempelritter* und *Das Vermächtsnis des geheimen Buches*. Aber Alice „muss auch sagen, ich habe mir . lange keine Filme mehr angeschaut. . Ich bin auf Serien @(umgestiegen)@" (Alice, 00:18:07-2). An *Lucky Number Slevin* mag sie, dass die Zuschauerin den Film „so ein bisschen austüfteln muss, quasi, und immer gut aufpassen muss" (Alice, 00:19:27-9). Die Serien, auf die Alice umgestiegen ist, sind vor allem „[n]a, so Teenie-Serien, High-School-Leben und Trara, Liebe (.) Jugend (.) Vergangenheit und so weiter. Aber (.) ich habe, (.) vor einem Jahr oder so habe ich auch

73 Vgl. *Kapitel 3.1*, S. 42.

'Prison Break' mal geguckt. [...]" (Alice, 00:19:27-9).[74] Außerdem hat sie

> „noch so Filme von damals, also, ich habe mir hier in Leipzig eher wenig Filme gekauft. Die habe ich mir vor allem im Schwarzwald gekauft, aber das war dann auch nicht Horrorfilme, sondern eher so (.) irgendwie (.) von (.) 'Die wilden Hühner' zu 'PS Ich liebe dich' und '27 Dresses' und so was. Also so (.) Mädchenfilme (.) Hollywood (.) und so (Zeug) [...]" (Alice, 00:19:27-9).

Alice hat vor ihrem Umzug vor allem „Mädchenfilme" und Hollywood-Produktionen gekauft. Heute, glaubt sie, kauft sie nicht nur andere, sondern insgesamt weniger Filme.

Amanda schaut vor allem nach der Arbeit fern oder Filme, und das spielt für sie

> „[s]ogar eine große Rolle. Also, gerade weil ich, wenn ich viel gearbeitet habe oder so, dann brauche ich schon ein bisschen Entertainment. Und dann habe ich auch meistens keinen Bock mehr irgendwie rauszugehen und mich mit meinen Freunden zu treffen, sondern einfach mich zu Hause in den Sessel zu schmeißen und einfach nur (.) sabbernd vorm Fernseher zu sitzen. (.) Also schon, ich gucke schon viel Fernsehen." (Amanda, 00:19:12-9)

Der Vorteil am Fernsehen für Amanda ist, dass es unterhaltsam ist und sie dafür im Gegensatz zu anderen Aktivitäten nicht allzu viel Energie aufbringen muss. Ob sie sich Filme oder Serien ansieht, hängt von der Tageszeit ab:

> „[...] Wenn ich nachmittags Zuhause bin, dann gucke ich mehr so Serien-Scheiß, aber abends gucke ich (dann) halt schon gerne (.) 'n netten Horrorstreifen. Wenn einer im Fernsehen läuft, sonst gucke ich halt so (.) abgeklatschte (.) Action-(.)Scheiß-Filme mit (.) mit Will Smith und was weiß ich, wie sie alle heißen. Also, 'Bad Boys' zum Beispiel (finde ich) "großartig"." (Amanda, 00:19:42-7)

Diese Actionfilme sind „[w]itzig. Schlechte Sprüche von (.) Testosteron-gesteuerten Männern. Finde ich ganz amüsant, wie sie wild ballernd Cowboy-artig durch die Gegend rennen und sich zum Horst machen. (2) Kann ich gut drüber lachen" (Amanda, 00:20:10-3). Amanda kann also nicht nur „schlechten" Horrorfilmen einen Unterhaltungswert abgewinnen, sondern auch „schlechtem" Action-Kino. „Schlecht" oder auch „trashig", wie sie es an anderer Stelle bezeichnet, meint hierbei das Überzogene/die Unglaubwürdigkeit, die oftmals mit diesen Genres einhergehen, wenn sie die Klischees ausreizen (schlechte Sprüche, Testosterongesteuerte Männer, vollbusige Blondinen, etc.).[75]

74 *Prison Break* handelt, wie der Name bereits sagt, von einem Gefängnisausbruch und gehört in die Sparte(n) Action/Drama/Krimi/Thriller.

75 Vgl. hierzu auch S. 33.

Reiko mag gerne Komödien, bedauert aber, dass es so wenige gute gebe, weshalb sie sie eher auf Empfehlung hin ansieht – oder darauf achtet, dass sie aus Skandinavien kommen. Sie ist für so gut wie alles offen, von „Trash“ bis experimentellem Film:

> „(2) Eigentlich gucke ich total gerne Komödien, aber irgendwie finde ich, gibt es wenig gute. Das finde ich immer ein bisschen schade. Also ich würde jetzt, die lasse ich mir eher empfehlen. (.) Oder so, ich gehe jetzt nicht in eine Videothek und denke, 'Ach, das klingt', also das ist echt selten. Was gucke ich denn noch gerne? (3) Ich gucke (.) worauf ich total abfahre sind . so skandinavische Filme, das sind ja auch oft Komödien. Da vertraue ich so ein bisschen drauf. Da (.) habe ich selten irgendwie mal einen Griff ins Klo gehabt und dachte so, 'Oh, was war das denn für'n Schrott' oder so. (.) Dann (.), ja schon auch so ein bisschen, also ich gucke mir auch gerne mal echt so'n Trash an. Einfach, keine Ahnung, leichte Unterhaltung, so 'Hangover'-mäßig, aber ich gucke eigentlich auch ganz gerne ein bisschen experimentellere Sachen. Also, wie gesagt, diese Lars von Trier(.)-Filme oder so Dogma-Filme finde ich auch (.) interessant, aber das kann ich auch nicht immer gucken. Da muss ich auch grade irgendwie den Kopf für haben und (.) . bereit sein, dass da jetzt irgendwie was Anstrengendes vom Thema @(oder so)@ auf mich zu kommt. (.) Jo.“ (Reiko, 00:49:47-6)

Sie sieht sich auch Hollywood-Produktionen an, ist aber genervt von Patriotismus. Außerdem bezeichnet Reiko sich selbst als „Serien-Junkie“:

> „Genau. Worauf ich überhaupt nicht stehe, sind . also, ich gucke mir schon auch Hollywood-Kram an, auf jeden Fall, ich sitze jetzt nicht jeden Tag und gucke mir . nur die tiefgründigsten Sachen an, aber . (.) weiß ich nicht, diese Patriotismus-Welle (.), da reagiere ich äußerst allergisch drauf. Wie zum Beispiel bei 'Avatar' oder so. @(.)@ Das Ende, ey, diese Transformer, die retten die Welt (I: Aber gesehen hast du ihn?). Ich habe ihn gesehen letztens, ich fand den auch zum Teil ganz gut gemacht, schöne Bilder und (.) das fand ich schon ganz nett, aber der Schluss, den hätten sie sich echt sparen können @(.)@. Das war mir zu anstrengend. (2) Und ansonsten gucke ich sehr viel Serien (I: @(.)@) Ich bin echt ein ganz schöner Serien-Junkie. [...]“ (Reiko, 00:52:19-8)

Auf die Frage, welche Serien sie sich ansieht, antwortet Reiko:

> „Ja, 'Lost'. . (.) Ich gucke auch so was wie 'Grey's Anatomy', 'Malcolm mittendrin', wobei, da kann ich, also, ich gucke das fast jeden Morgen, so nach dem Motto. Aber eigentlich kann ich das auch nicht mehr sehen. . 'Scrubs', (.) 'Dr. House', (.) 'Monk' habe ich auch viel geguckt, aber ist grad (.) nicht mehr so aktuell. Und 'Crossing Jordan'. Aber auch solche Sachen, also, was ich auch super finde ist 'Twin Peaks'. Finde ich ziemlich cool. (.) Sowas gucke ich auch ganz gerne. Ja. ist ja auch ein Klassiker, ne? [...]“ (Reiko, 00:53:36-1)

Reiko mag alle möglichen Stilrichtungen: Abenteuer und Rätselhaftes, Herzschmerz bzw. Zynismus im Krankenhaus, Comedy-Serien und – wie auch bei den Horrorfilmen – Klassiker.

Wenn Angela mit ihrer Schwester Alice zusammen Filme ansieht, schauen sie „eher Action-Filme oder sowas. . Horrorfilme eher selten“ (Angela, 00:29:05-2). Sie mögen Bruce Willis, er ist ein „Action-Held“ (Angela, 00:29:25-3). Angela schaut ebenfalls gerne Serien, vor allem Teenie-Serien, wie z. B. *O. C., California*, *One Tree Hill*, *90210* u.s.w.. Was Filme angeht, sieht sie sich „eigentlich alles [an] von saumäßig schlechten, dummen Komödien bis zu irgendwelchen überdrehten Liebesfilmen“ (ebd.).

Sadako ist die Einzige, die so gut wie nichts außer Horrorfilmen schaut, aber auch sie macht Ausnahmen:

> „Sehr selten. Dann muss es aber (.) . wirklich ein Film sein, der mich auch persönlich überzeugt. Ich weiß, dass passt jetzt zum Beispiel gar nicht, aber mein Lieblingsfilm, mit einer meiner Lieblingsfilme ist . 'Mulan'. [...] Den mag ich. Aber ... den mag ich eigentlich auch mehr, weil ich diese Idee toll finde von der Tochter, die sich jetzt einfach durchsetzt, die Rüstung ihres Vaters anzieht und auch zum Krieger wird. Das finde ich einfach Klasse. Deswegen mag ich diesen Film so gerne. .. Der ist aber auch furchtbar abgestunken. Weil Mulan keine (.) typische Walt-Disney-Prinzessin war, sondern eine die sich durchgesetzt hat. Und gesagt hat 'Ich hau drauf'. (Sadako, 00:24:25-2)

Ihr gefällt, dass die Heldin aus *Mulan* nicht die als typisch weiblich geltenden Eigenschaften besitzt, die üblicherweise von den „Disney-Prinzessinnen“ verkörpert werden, sondern sich durch ihren Kampfgeist auszeichnet. Ganz anders bei *Stolz und Vorurteil*, einem weiteren Film, den sie gerne mag:

> „-Ja, 'Stolz und Vorurteil' mag ich auch sehr gerne. . Ich weiß auch gar nicht, was ich an dem Film so toll finde, muss ich dir ganz ehrlich sagen, aber der ist einfach schön. ...... Erstmal mag ich die Zeit, in der das spielt, ich mag die Kleidung, .. ich mag es, wie sie sich benehmen. (.) Gut, dieses Hochnäsige kann ich eigentlich eher gar nicht leiden, in der realen Welt, aber . in diesem Buch finde ich .. das sehr schön. So, da hat der Mann jetzt einfach mal Gentleman zu sein und der Dame die Tür zu öffnen und den Stuhl wegzuziehen, und aufzustehen, wenn die Frau den Raum betritt und haste nicht gesehen. So, das mag ich einfach. Dann auch die Art und Weise, wie sie miteinander sprechen, das finde ich total schön. So. (.) Und . (2) die Geschichte, ja, alles. Ich mag alles an diesem Film. Komischerweise, ich mag wirklich alles an diesem Film. (.) Das glaubt mir auch keiner, wenn ich (dem) das erzähle.“ (Sadako, 00:25:38-8)

Die Zeit, die Kleidung, die Umgangsformen – das findet Sadako an diesem Film schön. Das, was sie ansonsten im Interview an Geschlechterstereotypen kritisiert, stört sie hier nicht, sondern im Gegenteil, die Klarheit und Geordnetheit der Geschlechterrollenverteilung gefällt ihr. Dies scheint zunächst widersprüchlich, doch tatsächlich eignet sich diese Ambivalenz, die hier bei Sadako sichtbar wird, als Veranschaulichung dafür, was mit der Theorie des Symbolischen Interaktionismus gemeint ist: „Geschlechterstereotype“ *sind* nicht per se negativ, sondern werden von Sadako *je nach Kontext* unterschiedlich bewertet. Die Bedeutung von Filmen wird von ihr also in unterschiedlichen Zusammenhängen – in diesem Fall: je nach Genre oder je nachdem, ob im Film oder im wirklichen Leben – unterschiedlich konstruiert.

Katrina hat keine Lieblingsfilme und schaut überhaupt nicht besonders oft Filme oder fern:

> „Nee, eigentlich wenig. Also, nur welche, die mich wirklich interessieren aber (.). Obwohl, also ich kenne viele Filme, es kommt immer auf das Wetter an und so auf den @(Zeitpunkt)@. Aber (.) ich kenne nicht jeden Film. (.) Also, es geht so. @(.)@“ (Katrina, 00:02:04-6)

Sie geht eigentlich ganz gerne ins Kino, doch das kann sie sich nicht immer leisten, denn

> „[...] das ist immer so teuer, da muss man immer erstmal Geld für haben. Und dann guckt man im Kino meistens nur das, was sich wirklich lohnt, und nicht immer alles, sondern, ich weiß nicht, ich gehe vielleicht einmaal alle zwei Monate oder . manchmal auch einmal oder zweimal im Monat ins Kino. Und (.) DVDs gucken tue ich selten (.) weil ich gar keinen Fernseher in meinem Zimmer habe oder DVD-Player, also nur so mit Freunden dann, wenn man zusammen mal welche ausleiht oder so. Und Fernsehen gucken halt auch nur wenn ein guter Film abends im Fernsehen läuft, so auf Pro7 oder so läuft ja manchmal @(was)@, 20:15h“(Katrina, 00:02:54-6).

Katrina gefallen Spielfilme, die einen geschichtlichen Hintergrund haben, wie zum Beispiel *Edelweißpiraten*, in dem es um „Kinder oder Jugendliche [geht], ich glaube 1944, halt, die so (.) gegen die . Hitler-Jugend sind und . dagegen so ankämpfen [...]“ (Katrina, 00:03:40-3). Oft sieht sie sich diese historisch basierten Filme mit ihrem Freund an:

> „[...] so geplant gucken wir eher (.) so geschichtlich, also, keine Dokumentationen, aber, ich weiß nicht, es gibt ganz viele Filme (.) über irgendwas so in den Siebziger Jahren oder so, halt geschichtlich Nachkriegszeit, dann gucken wir so was eher aber Horrorfilme haben wir nur so ein paar geguckt. [...]“ (Katrina, 00:32:50-2)

Es werden oft, aber nicht überall, Parallelen deutlich zwischen den Vorlieben in Bezug auf den Horrorfilm und denen in Hinblick auf sonstige Filme und Fernsehprogramme, die meine Interviewpartnerinnen angeben. Emily fiebert vor allem gerne mit und mag es realistisch, Alice findet Action wichtig, Amanda schaut Filme und Fernsehprogramme vor allem, um sich nach der Arbeit zu entspannen, Reiko sieht sich Filme und Serien verschiedenster Genre-Ausrichtungen an, Katrina schaut insgesamt eher wenig fern und sieht sich selten Filme an. Bei Sadako fällt eine gewisse Ambivalenz auf, denn sie mag einerseits starke Frauenfiguren wie Mulan, und ist, wie noch zu sehen sein wird, kein Fan von „weiblicher Erziehung“, andererseits gefällt ihr an dem Film *Stolz und Vorurteil* u. a. die klassische Rollenverteilung der Geschlechter. Ganz im Sinne des Symbolischen Interaktionismus ist die Bedeutung der Geschlechterrollen nicht objektiv, sondern wird von Sadako in Abhängigkeit von der jeweiligen unterschiedlich Situation konstruiert.

5 „Am lustigsten zu mehreren" – die Rezeptionssituation

In den Interviews tauchten drei Aspekte auf, die sich unter der Kategorie „Rezeptionssituation" zusammenfassen lassen: erstens *der Ort* (S.79f), an dem sich meine Interviewpartnerinnen Horrorfilme anschauen. Zweitens *mit wem* sie sich die Filme ansehen (S.81ff). Dieser Abschnitt ist untergliedert in die Punkte *Allein* (S.81f), *In Gesellschaft allgemein* (S.82ff) und *Geschlechtsspezifisches* (S.86ff). Drittens die *Auseinandersetzung mit und Austausch über den Film* (S.95ff). Sie ist zwar nicht Teil der unmittelbaren Rezeptionssituation, gehört im weiteren Sinne dennoch dazu. Auch hier erzählten mir meine Interviewpartnerinnen nicht nur etwas über den Austausch über einen Film *allgemein*(S.95)ff, sondern auch darüber, inwiefern sie dabei *geschlechtsspezifische* Unterschiede feststellen (S.98ff).

5.1 Der Ort

Bis auf Sadako schauen sich alle meine Interviewpartnerinnen Horrorfilme bei sich oder bei Freund_innen *zu Hause* an. Das hat verschiedene Gründe. Sie können, wie im Fall von Emily, Katrina, Amanda und Angela ganz pragmatischer Natur sein:

> „I: (.) Und guckst du auch Horrorfilme im Kino?
>
> Emily: Konnte ich ja bisher noch nie rein, ne, weil ich ja noch nicht achtzehn war und deswegen, ich warte nur auf den nächsten guten Horrorfilm @(im Kino)@ und dass ich da rein kann. [...]" (Emily, 00:40:21-1 bis 00:40:36-5)

Vier meiner sieben Interviewpartnerinnen waren zum Zeitpunkt der Interviews zu jung, um sich einen ab 18 freigegebenen Horrorfilm im Kino ansehen zu können, bzw. sie hatten erst vor kurzem die Volljährigkeit erreicht.

Katrina geht allgemein

> „[...] gerne ins Kino, aber das ist immer so teuer, da muss man immer erstmal Geld für haben. Und dann guckt man im Kino meistens nur das, was sich wirklich lohnt, und nicht immer alles, sondern, ich weiß nicht, ich gehe vielleicht einmaal alle zwei Monate oder . manchmal auch einmal oder zweimal im Monat ins Kino. [...]" (Katrina, 00:02:54-6)

Kino ist teuer: Katrina kann sich nur selten den Kinobesuch leisten, daher wählt sie genau aus, welchen Film sie auf der großen Leinwand sehen will. Wenn die Zuschauerin Geld verdient, gibt es andere Gründe, sich Horrorfilme eher Zuhause als im Kino anzusehen, wie Amanda erklärt:

> „Ich arbeite viel [...] ich habe halt immer so Mammut-Schichten, so 13, 14, 15 Stunden und danach bin ich halt im Arsch, "habe ich" keinen Bock mich ins Kino zu setzen, vor allen Dingen (.) schlafe ich dann wahrscheinlich ein und habe vom Film nichts. [...]" (Amanda, 00:16:20-8)

Nach der Arbeit hat Amanda schlicht keine Energie, um noch ins Kino zu gehen. Ein weiterer Grund dafür, Horrorfilme zu Hause und nicht im Kino zu schauen ist, dass es oft spontan stattfindet:

> „Angela: [...] halt eben wenn man einfach zu mehreren bei irgendwem ist. Und da denkt man, 'Ja, ok, lass uns 'n Film schauen', 'Ok, es muss ein Gruselfilm sein'.
>
> I: (3)Also, eher spontan, oder verabredet ihr euch extra dafür?
>
> Angela: Eher spontan. Wir verabreden uns nicht zum Gruselfilm schauen." (Angela, 00:19:54-5 bis 00:20:04-7)

Reikos Grund, sich Horrorfilme lieber Zuhause als im Kino anzusehen, steht mit den Filmen selber in Zusammenhang:

> „Nä, im Kino eigentlich selten. Weil das ist irgendwie, (.) also, (.) ich sitze da nicht total abgestumpft, ne? ... Das ist für mich irgendwie, (.) weiß ich nicht. Da zeige ich Emotionen. Da zeige ich andere Emotionen als wenn ich mir eine Komödie angucke, die vielleicht auch nicht so (.), ja, (weil es) vielleicht nicht so normal ist, dass man sich so in der Öffentlichkeit zeigt, oder nicht so anerkannt, was auch immer. Oder das sind auch vielleicht eigene Sachen, die man sich da einredet, aber ich gucke das schon eher zu Hause. [...]" (Reiko, 00:32:58-7)[76]

Das unkontrollierbare Zeigen von Emotionen, welches für einige der Zuschauerinnen Teil des Vergnügens beim Horrorfilm-Schauen ist (siehe auch *Kapitel 4.7*, S.67), kann offenbar etwas Unangenehmes sein, wenn es in einem Rahmen stattfindet, in dem die Zuschauer_innen nicht miteinander vertraut sind.

Sadako schaut sich Horrorfilme sowohl im Fernsehen als auch auf DVD und im Kino an. Für sie sind mehrere Faktoren, die voneinander abhängen, ausschlaggebend für die Rezeptionssituation:

> „.... Das kommt drauf an, was für einen Horrorfilm ich mir angucken möchte (.) und . ob der im Kino läuft oder ob der zu Hause läuft. Wenn der zu Hause .. im Fernsehen läuft, dann gucke ich mir den auch alleine an. Und . wenn der aber im Kino läuft, möchte ich den schon mindestens mit einer Person sehen. So, (.) weil ich denke, Kino macht zu zweit einfach mehr Spaß." (Sadako, 00:11:51-2)

Die Art des Filmes und vor allem der Ort stehen für Sadako in Zusammenhang mit

76 Vgl. auch Alice, 00:23:41-7.

einer weiteren wichtigen Variable, nämlich, ob sie sich den Film alleine oder in Gesellschaft ansehen mag - und wenn in Gesellschaft:

5.2 Mit wem

Nicht nur Sadako schaut sich Horrorfilme in unterschiedlichen Konstellationen an, auch für meine anderen Interviewpartnerinnen wird das Filmerlebnis stark beeinflusst durch die Zuschauer_innen, mit denen sie sich Horrorfilme ansehen.

5.2.1 Allein

Manchmal ist gar keine Gesellschaft die beste Gesellschaft:

> „[...] Oder, wenn jemand neben dir sitzt und keine Lust hat, diesen Film zu gucken, der strahlt das dann, also bei mir ist es so, der strahlt das auf mich aus. Und dann mache ich auch manchmal den Film aus und denke so, 'Ja, ok, dann machen wir was anderes, dann gucke ich den abends alleine'. Und das ist dann halt auch so, dass ich den dann abends alleine gucke, oder halt am nächsten Tag oder wie auch immer. Auf jeden Fall gucke ich ihn dann alleine, weil, . wenn ich merke, dass derjenige neben mir das gar nicht will, dann färbt das auf mich ab, dann habe ich auch keine Lust mehr. Und . ich mag Horrorfilme halt so gerne, dass ich mir das auch nicht verderben lassen will, diesen Film, dass ich dann auch lieber den Film abschalte, halt einen Tag drüber nachdenke und denke, wie das wohl weiter geht und ihn dafür aber lieber am nächsten Tag richtig gucke. Vielleicht auch mit jemand anders. Aber, ja ..“ (Emily, 00:24:51-9)

Mit-Zuschauer_innen tragen demnach nicht grundsätzlich zur Verbesserung der Rezeptionssituation bei, sondern nur, wenn beide/alle in der gleichen Stimmung sind. Wie hier deutlich wird, geht es Emily nicht immer vorrangig um die Gesellschaft beim Horrorfilm-Schauen, sondern mitunter steht der Film im Vordergrund.[77] Grundsätzlich sieht sie sich selten einen Horrorfilm alleine an. Kommt es aber doch vor, dann steht eines für sie fest:

> „ . Das finde ich viel gruseliger und . weiß nicht, da wünsche ich mir manchmal auch, dass ich jetzt einfach ganz schnell einschlafe (einfach so). Aber (.) ja, es macht halt einfach viel mehr Spaß, wenn du neben dir doch jemand sitzen hast, mit dem du das guckst "oder" (.) "das auf jeden Fall (mag ich)".“ (Emily, 00:25:32-3)

Amanda, Reiko sowie Katrina sehen sich ebenfalls alleine Horrorfilme an, jedoch eher durch den Umstand bedingt, dass sie in der Situation alleine sind und dann zufällig, spontan einen Horrorfilm sehen:

77 Die betreffende Person hat allerdings insofern Vorrang, als Emily sie nicht fortschickt, sondern mit dem Film bis zur nächsten Gelegenheit wartet.

> „[...] Ich gucke die auch alleine. Also, wenn ich gerade abends von der Arbeit komme. Also, ich gehe nicht alleine in die Videothek und leihe mir einen Horrorfilm aus, also, ich gucke dann wenn schon welche, die irgendwie nachts im Fernsehen kommen. (.) Das war's eigentlich, glaube ich.“ (Amanda, 00:03:54-9)

Reiko sieht sich nur tagsüber Horrorfilme alleine an, weil die Filme nachts unangenehme Effekte auf sie haben:

> „[...] Und (.) es ist auch so, tagsüber gucke ich auch mal alleine einen @(.)@. [...] Aber das halte ich halt nicht gut-, ich gucke mir nachts (.) nicht wirklich-. Das ist ganz komisch, da erschrecke ich mich einfach 500mal mehr als wenn ich den tagsüber gucke. Gestern Abend @(hatte ich so eine Situation mit dem Fernsehen')@. Da lief ein Film, den ich sogar schonmal gesehen habe, und ich war grad so am Rumzappen und dann kam so eine Szene, (ich) habe mich so tierisch erschrocken. Und zack, Fernseher ausgemacht. Das ist echt heftig, wie man so auf, ne, Tag und Nacht irgendwie, wie man da anders auch drauf reagiert. Da geht einem einfach, glaube ich, auch so ein bisschen die Fantasie durch. Das ist ja (.). Mir passiert ja tagsüber genauso wenig wie nachts, aber trotzdem hat das irgendwie einen anderen Effekt. [...]“ (Reiko, 00:32:58-7)[78]

Unter meinen Interviewpartnerinnen befand sich keine, die grundsätzlich lieber alleine als in Gesellschaft Horrorfilme ansieht. Es sind eher äußere Faktoren, die dazu führen, dass sie die Filme alleine schauen: dass keine Mit-Zuschauer_innen zur Verfügung stehen, dass die Zuschauerin sich spontan entscheidet, einen Horrorfilm anzusehen oder dass sie zufällig im Fernsehen an einen gerät.

5.2.2 In Gesellschaft allgemein

Die meisten meiner Interviewpartnerinnen ziehen es vor, Horrorfilme gemeinsam mit anderen zu schauen. In den Gesprächen erfuhr ich außerdem, dass sie teilweise deutliche Unterschiede wahrnehmen, je nachdem, ob sie sich mit anderen Frauen oder mit Männern oder in gemischt-geschlechtlichen Konstellationen Horrorfilme ansehen. Ich gehe an dieser Stelle auf die Gründe ein, warum sie allgemein gerne in Gesellschaft Horrorfilme schauen und mit wem.

Emily schaut hauptsächlich in drei verschiedenen Konstellationen Horrorfilme:

> „ . Mit meiner Schwester, mit meinem Freund, oder mit meiner besten Freundin. Halt mit Freunden, also ja, die drei Gruppen gibt es halt so. [...] Also, ich kann auch-, es sind nur drei, vier Freundinnen, mit denen ich immer Horrorfilme gucke, so. Die anderen wollen das nicht oder (.) haben zu viel Angst oder das macht keinen Spaß mit denen, weil die dazwischen immer reden.“ (Emily, 00:14:24-8)

Es ist Emily wichtig, dass die anderen Zuschauer_innen ein ähnliches Verhältnis

78 Vgl. auch Katrina, 00:20:17-8.

zum Horrorfilm haben wie sie. In jedem Fall wird die Situation stark durch die Person(en) beeinflusst, mit der_dem/denen sie sich einen Horrorfilm ansieht:

> „ . Ja, [Unterschiede, S. W.] gibt es ganz doll und zwar, . wenn ich mit meinen Freundinnen gucke, schreien wir alle und erschrecken wir uns alle. (.) Da haben wir auch schon, also da habe ich auch den anderen auch schon einen Streich gespielt, weil eigentlich erschrecke ich mich immer nur und die anderen nicht so, .. Dann, mit meinem Freund, der zieht immer alles ins Lächerliche, der mag keine Psycho-Thriller, der guckt lieber Zombies-(.)Horrorfilme, halt, die ich nicht so gerne mag und der sagt dann zwischendurch immer, 'Öh, ist ja voll langweilig', 'Öh, der steht doch hinter der Tür, das weiß doch jeder', und dadurch nimmt er halt einfach diese Spannung, diese Atmosphäre wieder. Deswegen (.) . , ja, kommt drauf an, ob er gute Laune hat oder nicht, deswegen muss man immer gucken, welchen Film man mit ihm guckt. Und mit meiner Schwester ist es halt so, dass sie mich dann immer nochmal erschreckt, weil sie ganz genau weiß, an welchen .. Stellen in dem Film sie jemanden erschrecken muss. Ja. Deswegen, das ist immer so- am liebsten gucke ich die eigentlich mit meinen Freunden, weil die sich halt auch miterschrecken, so ein bisschen jedenfalls. Mein Freund und meine Schwester erschrecken sich gar nicht mehr. Ja.“ (Emily, 00:15:30-7)

Wie bereits in *Kapitel 4* deutlich wurde, ist das Sich-Erschrecken keineswegs etwas Negatives, sondern trägt im Gegenteil zur Unterhaltung bei.[79]

Angela schaut ebenfalls gerne in Gesellschaft Horrorfilme, speziell mit einer Freundin, die besonders schreckhaft ist und damit die übrigen Zuschauer_innen amüsiert:

> „[...] eine Freundin von mir findet das halt richtig gruselig, die ist generell so richtig ängstlich . aber . wenn die dann mitschaut, dann (.) müssen alle immer lachen, weil sie zusammenzuckt und @(.)@ das ist immer am lustigsten zu mehreren zu schauen einfach.“ (Angela, 00:02:57-2)

Der Vorteil, einen Horrorfilm in Gesellschaft zu schauen, ist laut Angela:

> „[...] Mit anderen kannst du dir immer einreden, 'Ok, ich muss jetzt gleich nicht alleine ins Bett gehen und schlafen', sondern, ja, 'Ich bin jetzt noch mit anderen zusammen', und (.) die schlafen dann neben mir @(.)@, sowas. Also (.) ziemlich anders @(.)@. Alleine kriegt man echt irgendwie ein bisschen Bammel. Nur an Sonntagen, wenn draußen die Sonne scheint irgendwie nicht @(.)@.“ (Angela, 00:03:40-5)

Alice schaut Horrorfilme vor allem mit einem Freund oder im Zusammenhang mit Gruppenaktivitäten:

> „Nee, gemischt eigentlich. Also (.) das ist halt ein Freund, der bei mir in der Nähe wohnt und den gehe ich dann halt öfter besuchen und (.) ja, dann gucke ich mit dem ab und zu irgendwie so was, aber (.) sonst, wenn ich bei anderen bin, halt bei Freunden

79 Vgl. *Kapitel 4.7,* S.67.

oder halt so auf Parties, oder Geburtstagsfeier oder so-, auf der Klassenfahrt haben wir auch (.) so einen Gruselfilm geguckt, alle zusammen. (2) Nee, ist ziemlich gemischt." (Alice, 00:07:27-6)

Die Entscheidung, einen Horrorfilm zu gucken, geht nicht so sehr von Alice aus, sondern sie ergibt sich in der Situation. Alice stellt dabei Unterschiede zwischen Zuschauern und Zuschauerinnen fest (Näheres dazu in *Kapitel* 5.2.3, S. 86 und 5.3.2, S. 98).

Amanda schaut ebenfalls in unterschiedlichen Konstellationen Horrorfilme:

„Mit meinem Ex-Freund habe ich ganz viele geguckt. Jetzt nicht mehr. @(.)@ Mit Reiko gucke ich regelmäßig Horrorfilme. [...]" (Amanda, 00:03:54-9)

Sie stellt geschmackliche Unterschiede fest, aber keine, was die geschlechtliche Zusammensetzung angeht

„(3) Nö. Nö, Unterschiede gibt es da eigentlich nicht. [...] Reiko . guckt total gerne . Zombie-Filmee, die gucken wir nicht zusammen, weil ich finde die nicht soo gut, feiere Zombie-Geschichten nicht so ab. Aber so Psycho-Sachen gucke ich mit ihr total gerne, mit D. habe ich viel (nur) so Metzel-Geschichten geguckt. (.) Aber ob es da einen bestimmten Grund gibt, ich glaube, wenn man das irgendwie professionell analysiert, gibt es da bestimmt einen, aber ich wüsste jetzt keinen. (.) Nee." (Amanda, 00:04:43-4)

Als ich noch einmal nachhakte und ihr den Hintergrund meiner Frage erkläre, nämlich, dass manche meiner Interviewpartnerinnen ganz bewusst mit Frauen/Mädchen Horrorfilme gucken, eben weil sie sich mit ihnen besser erschrecken und „rumkreischen" können, bekam ich folgende Antwort:

„-Nee, ... ich kreische bei sowas gar nicht ab. Ich erschreck mich au-, gebe auch keinen Laut von mir. Also, wenn ich mich erschrecke, dann zucke ich einmal zusammen und dann denke ich, 'Holla die Waldfee', aber ich bin nicht die Person, die sich irgendwo festkrallt oder kreischt, oder (.) Ich denke dann einfach nur bei mir selber, 'Wie krass war das denn jetzt'. Das war's. Nee, also, wenn ich mit meinem Freund Horrorfilme geguckt habe, dann war ich auch nicht so. (.) Ich gucke mir das ganz stumpf an, lasse es danach nochmal Revue in meinem Kopf passieren und denke dann entweder, 'Ok, der war ganz gut', oder (..) "langweilig". Meistens 'langweilig'. [...]" (Amanda, 00:06:33-4)

Reiko schaut Horrorfilme vor allem mit zwei Freundinnen, darunter auch Amanda. Sie sieht sich grundsätzlich gerne Filme mit anderen zusammen an. Dabei hat sie bestimmte Ansprüche an ihre Gesellschaft:

„[...] ich gucke auch gerne einfach mit anderen Leuten zusammen Filme. Das muss halt auch passen, ne? Also, es gibt auch Leute, mit denen gucke ich nicht gerne Horrorfilme, weil die mich vogelig machen. Also (.) weil die noch zehnmal schreckhafter sind als ich, und dann erschrecke ich mich @(immer mit)@ und oder dieses 'Warum macht der grade das?', also (wenn die dann) tausend Fragen stellen, da drehe ich durch, @(weil ich denke)@, 'Ey, ich guck' den Film grad genauso zum ersten Mal (I: @(ja)@) wie du, ich war jetzt nicht am Set mit @(dabei und kann dir jetzt hier so'ne)@ Abhandlung geben, was da noch alles hinter steckt'. (beide: @(2)@)“ (Reiko, 00:50:51-7)[80]

Wie bereits in *Kapitel 5.1* erwähnt, schaut Sadako sich zwar auch alleine Horrorfilme an, doch wenn sie ins Kino geht, dann ist Gesellschaft wichtig (siehe S.80). Wie Reiko hat auch Sadako gewisse Erwartungen an die Person, mit der sie den Film anschaut:

> „(23) Uch und eins sollte man unbedingt beachten, wenn man sich mit jemanden einen Film, einen Horrorfilm, im Kino anguckt. Ganz wichtig ist, es gibt ja Leute die sind ganz furchtbar toll darin, doofe Sprüche zu jedem Film zu reißen, aber es funktioniert nicht immer bei Horrorfilmen. **Also, nimm dir nur einen mit, der es drauf hat!** (.) Weil sonst wird's doof.“ (Sadako, 00:45:11-8)

Der Grund, warum es wichtig ist, dass der_die Betreffende kein_e schlechte_r „Sprücheklopfer_in“ ist:

> „Es ist . aus einem bestimmten Grund nervig bei Horrorfilmen, weil die halt (3) .. man muss sich das wie so einen Sprint vorstellen. (.) So, die Story sprintet, es passiert viel, man muss aufpassen, (.) dann kommt eine Pause. So, in dieser Pause darfst du erzählen, soviel du willst. Dann sprintet der Film wieder, es wird wieder erzählt, . (.) der Typ schleicht durch den Geheimgang und kommt endlich dem Geheimnis der Roschruntlhexe auf die Spur und . dann gibt es wieder eine Pause, weil (.) er tief durchatmet, weil, irgendwas anderes, so. Und es kommt halt drauf an, wie man diese Sprüche platziert. Es ist zum Beispiel echt gefährlich, einen Spruch in dieser Sprinter-Phase einzubringen. So, (...) erstens ist die Situation meistens schon vorbei, wenn der Spruch gebracht ist, weil manche Menschen nicht so schnell sind, wenn sie denn einen Spruch bringen möchten und . am besten . (.) wie gesagt in dieser Slow-Motion-Pause, also, in dieser Pause, da kann man was erzählen. So, (.) wenn jetzt zum Beispiel (.) er . in einem Haus steht oder (.) in seinem eigenen und das Licht geht nicht an, so nach dem Motto, 'swb lässt grüßen'. Das ist jetzt wirklich das Flachste vom Flachsten, was einem so gerade einfällt, das kommt dann meistens spontan bei einem Horrorfilm, aber dann ist das schon wieder lustig, so. Oder, man weiß, der ist Alkoholiker, so, 'Hätt'st das Gold mal nicht versoffen', dann ist es wieder lustig. (.) Kommt auf die Situation an. Waren schlechte Beispiele, gebe ich zu.“ (Sadako, 00:47:15-6)

Es geht nicht nur um das Niveau des Kommentars, sondern auch um die Platzierung an einer dafür geeigneten Stelle im Film. Dies setzt eine ganze Menge an Kenntnis des Genres voraus. Der_die Zuschauer_in muss so vertraut sein mit den Konventionen des Horrorfilms, dass sie die verschiedenen Phasen (er-)kennt und ihre Eignung für einen Kommentar richtig einschätzen kann.

---

80 Vgl. auch Emily, 00:18:08-9.

Katrina schaut vor allem mit Emily und anderen Freundinnen Horrorfilme:

> „Ja, ich gucke (.) also, am meisten Horrorfilme gucke ich mit ihr. Wir haben auch den ersten Horrorfilm zusammen geguckt. Und wir machen auch öfters . einfach so Film-Mädels-Abende, wo wir @(nur)@ Horrorfilme gucken, also fast den ganzen Abend dann. Und das sind dann auch immer DVDs, die leihen wir dann aus (.) oder von Freunden und dann (.) gucken wir den ganzen Abend Horrorfilme, dann meistens zu dritt oder viert." (Katrina, 00:04:19-0)

Bis vor einigen Jahren haben sie solche Abende öfters gemacht:

> „Im Moment viel seltener als früher, also früher haben wir das bestimmt einmal im Monat oder so gemacht. So am Wochenende getroffen dann." (Katrina, 00:04:50-7)

Katrina schaut nicht nur an „Mädels-Abenden" Horrorfilme, sondern auch mit Jungen/Männern.[81]

Nicht alle meine Interviewpartnerinnen haben die gleichen Vorlieben, wenn es um die Konstellation der Zuschauer_innen geht. Emily, Reiko und Katrina schauen sich Horrorfilme am liebsten gemeinsam mit anderen Frauen an, Sadako lieber mit Männern, Alice und Angela stellen zwar einen Unterschied fest, was die Rezeptionssituation mit Frauen und Männern angeht, äußern aber keine Vorlieben. Für Amanda macht es keinen Unterschied, ob sie sich einen Horrorfilm mit Männern oder mit Frauen ansieht. Im folgenden Abschnitt stelle ich die Beobachtungen dar, die mir meine Interviewpartnerinnen schilderten, in Hinblick auf geschlechtsspezifische Unterschiede in der Rezeptionssituation.

5.2.3 Geschlechtsspezifisches

Emily spricht im gesamten Interview mit großer Leidenschaft über Horrorfilme. Als ich sie frage, ob es einen Unterschied macht, mit Frauen oder Männern Horrorfilme zu schauen, sprudeln die Beobachtungen nur so aus ihr heraus. Auch die vielen Unterstreichungen (= besonders betont ausgesprochene Wörter) verdeutlichen, wie sehr Emily sich für das Thema ereifert. Inhaltlich wird deutlich, dass das geschlechtsspezifische Verhalten beim Horrorfilmschauen etwas ist, worüber sie sich während unseres Gesprächs nicht zum ersten Mal Gedanken macht. Sie betrachtet nicht nur das Verhalten der anderen sehr kritisch, sondern auch ihr eigenes.[82]

---

81 Mehr dazu auf S. 91.

82 Ich will die vielen verschiedenen Punkte, die Emily in einem recht langen Redefluss thematisiert, einzeln besprechen. Ich werde den Ausschnitt daher nicht als Block zitieren, sondern

Das Erste, was Emily anspricht, ist, dass Jungen als Zuschauer andere Reaktionen an den Tag legen als Mädchen. Diese Reaktionen sind ihrer Erfahrung nach von der Erwartungshaltung der Mitzuschauer_innen vorgegeben:

> „Bei Jungs ist es meistens so, die müssen cool sein und dürfen sich gar nicht erschrecken. (.) So, das ist dann uncool, wenn die sich erschrecken. [...]" (Emily, 00:30:50-7)

Abweichende Reaktionen werden sanktioniert, und zwar nicht nur von Jungen, sondern gleichfalls von den Zuschauer*innen*:

> „[...] Und das Ding ist halt auch einfach, dass Mädchen das total unterstützen, dass Jungs das uncool finden, weil .... ich habe öfters schon mit Jungs Horrorfilme geguckt und immer wenn die sich erschrocken haben, musste ich die auch total auslachen, halt, weil die halt immer auf cool tun und so, 'Öh, öh, öh, ich erschreck mich ja nicht', und da kommt das halt, dass diese Jungens, dass .... sie sich auch gar nicht so reinversetzen können in die Horrorfilme ... oder nicht reinversetzen wollen, weil sie sich dann ja erschrecken, und dann kriegen die wieder so von den Mädchen so, 'Haha, du hast dich erschrocken', so, ne? Obwohl das ja eigentlich so theoretisch, oder praktisch auch nicht, gar nicht schlimm ist, sondern einfach nur, das ist halt dieses typische Klischee: Jungs dürfen nicht erschrecken, und wenn Jungs Horrorfilme mit Mädchen gucken, müssen die sie immer in den Arm nehmen und . ja Beschützer sein, so. [...]" (Ebd.)

Es ist ein Kreislauf: Mädchen lachen Jungen aus, die sich erschrecken, weil diese „immer auf cool machen" und damit angeben, dass sie sich nicht erschrecken. Gleichzeitig bestätigen sie die Jungen somit darin, dass es „uncool" ist, sich zu erschrecken. Im Grunde, meint Emily, sei es nicht schlimm, wenn Jungen sich erschrecken, sondern bloß ein Geschlechtsstereotyp, dass sie dies nicht tun/dürfen. Sie beobachtet jedoch auch an sich selbst, dass sie Erschrecken bei Jungen durch Kommentare als „unmännlich" sanktioniert. Dies wiederum, so lässt sich der Gedanke weiterführen, trägt dazu bei, dass das Klischee reproduziert wird. Mit dieser Haltung, die Jungen beim Horrorfilm-Schauen an den Tag legen, geht zusätzlich folgender Unterschied zwischen Jungen und Mädchen einher, wie Emily hier erklärt: Der Umstand, dass Jungen sich nicht erschrecken dürfen, führt dazu, dass sie sich in Horrorfilme auch nicht so „hineinversetzen" können, wie Mädchen es tun.

Eine weitere Divergenz zwischen Mädchen und Jungen stellt Emily fest in Hinblick auf körperliche Nähe:

> „[...] [B]ei Mädchen, also weiß nicht, bei uns ist es manchmal so, dass wir uns auch

---

an gegebener Stelle mit der Besprechung eines Aspekts unterbrechen.

mega zusammen kuscheln, so, weil wir halt auch Angst haben, aber das ist halt ein Unterschied, ob du das mit einem Jungen guckst, oder mit einem Mädchen. Das Ding ist einfach, dass, bei Jungs ist ja auch oft so, die benutzen das als Anmache, Horrorfilme. Die gucken einen Horrorfilm zusammen und versuchen dann immer, dich zu umarmen, dich in die Nähe zu nehmen und . ich weiß nicht, bei ihm [einem Freund, S.W.] war das halt auch am Anfang, dass ich mega-angespannt war und ich das gar nicht gemerkt habe, dass er auf einmal seinen Arm um mich hatte, so, ne? Und dass ich erst, als ich mich dann erschrocken habe und alles wieder gut war, gucke ich ihn so an und (sage), 'Hä, was machst du da eigentlich? Nimm deinen Arm hier wieder runter'. Und ich habe das in dem Moment noch gar nicht so realisiert, was das eigentlich sollte, so das . ja. Das ist halt auch noch so ein Ding, viele Jungs benutzen das halt so, um Mädchen halt rumzukriegen so ein bisschen, ne, Beschützer-mäßig, 'Ich bin so groß und starke Arme' [...]." (Ebd.)[83]

Körperliche Nähe zu den anderen Zuschauer_innen zu suchen hat demnach unterschiedliche Bedeutungen, je nachdem, um wen es sich dabei handelt. Gehört es zwar für Emily dazu, sich während eines Horrorfilms mit Freundinnen „zusammenzukuscheln", so bedeutet dies noch lange nicht, dass sie es begrüßt, wenn ein Junge seinen Arm um sie legt. Im ersten Fall geht es für Emily bei der körperlichen Nähe darum, gemeinsam (weniger) Angst zu haben, im zweiten Fall dient der Film als Vorwand, um körperliche Nähe zu suchen, um jemanden „rumzukriegen". Dabei werde diese „Taktik" keineswegs allein von Jungen angewandt:

„[...] [U]nd bei Mädchen ist es halt so, dass Mädchen, .. also, bei manchen Mädchen da weiß ich ganz genau, die erschrecken sich gar nicht. Und sobald ein Junge auf einmal da sitzt, erschrecken die sich. Dann denke ich auch nur so, 'Aber warum?', also, ne? .... Mädchen versuchen dann manchmal halt auch einfach nur dieses kleine Mädchen zu sein, was sich immer erschreckt und beschützt werden muss und, 'Du musst mich jetzt in den Arm nehmen, weil ich hab so viel Angst', so, und das ist halt so der Unterschied, wenn du mit Mädchen und Jungs Horrorfilme guckst, ist auch manchmal echt nervig. Deswegen ... gucke ich meist eigentlich mehr mit Mädchen oder mit Jungs, aber, oder halt mit Katrina und Jungs, das geht auch noch, weil .. ne, aber ... würde ich nicht mit vielen machen, Mädchen- und Jungs-Gruppen gemischte, also, gemischt Filme, (.) gemischt Horrorfilme zu gucken, würde ich nicht mit vielen Mädchen machen, weil . die sich auch einfach nur mega verstellen oder anfangen zu schreien oder einfach so Sachen, wo ich immer nur denke, 'Hä, was soll das denn jetzt? Den Film haben wir schon dreimal geguckt, da hast du dich noch nie erschrocken, wieso jetzt?' So, . ja. Aber ich weiß nicht, ob das auch andere über mich denken, ne? Das weiß ich nicht. Ich gucke ja viele Horrorfilme und ich meine, Jungs wissen das ja nicht, dass du dich alleine auch erschreckst und . deswegen weiß ich nicht, ob die Jungs, wenn ich mit Jungs Horrorfilme

83 Alice sagt etwas sehr Ähnliches, auch in Bezug auf das „Sich-hineinversetzen" und die Beschützer-Rolle der Jungen/Männer: vgl. Alice, 00:08:02-3 bis 00:08:35-7. Alice bewertet letztere nicht so negativ, wie Emily dies tut. Siehe auch Angela, 00:04:40-8 bis 00:24:14-5 und Katrina, 00:07:45-4.

gucke, ob die denken, 'Ach, wie niedlich, die macht das jetzt nur', ne? Und deswegen, . ja, muss man da immer so ein bisschen aufpassen, wenn man mit Jung- also wenn gemischte Gruppen Horrorfilme gucken." (ebd.)

Gemischtgeschlechtlich Horrorfilme zu schauen dient sowohl Mädchen wie Jungen mitunter als Vorwand, einander näher zu kommen, wobei die Betonung von geschlechtsspezifischem Verhalten eine wichtige Rolle spielt: Jungen geben den Beschützer, Mädchen die Schutzbedürftige. Emily ist überzeugt, dass dieses Verhalten nicht „echt" ist, da sie die Beobachtung gemacht hat, dass die Mädchen, die sich in Anwesenheit von Jungen besonders ängstlich zeigen, sich beim gleichen Film in einer rein weiblichen Gruppe nicht erschrecken.[84] Dieses „Rollenspiel" hat für Emily zwei Konsequenzen: zum einen guckt sie ungern in gemischten Gruppen, weil sie dieses „Verstellen" als „nervig" empfindet. Zum anderen befürchtet sie, dass ihre eigenen Reaktionen auf den Film falsch interpretiert werden könnten, wenn sie mit Jungen zusammen Horrorfilme ansieht, da sie sich sichtbar erschreckt, was in einer gemischtgeschlechtlichen Konstellation nicht nur authentisches Erschrecken – welches sich nun einmal kaum unterdrücken lässt – bedeuten kann, sondern auch als „Anmache" bzw. Aufforderung zur selbigen gelesen werden kann. Die Jungen, so sagt Emily, können ja nicht wissen, dass sie sich auch in ihrer Abwesenheit derart sichtbar erschreckt. Wir bleiben noch einen Moment bei dem Begriff „sich verstellen", und einigen uns darauf, dass das Wort nicht immer ganz treffend ist, da diese Versuche, die Aufmerksamkeit des anderen Geschlechts auf sich zu lenken, nicht immer so bewusst gesteuert werden. Manchmal aber eben doch, wie Emily erklärt:

„Genau. Obwohl, bei manchen würde ich auch sagen, das ist mega die Absicht. Die ziehen auch kurze Schlafhöschen an mit Trägertop so drüber und erschrecken sich dann, also (.) bei manchen würde ich schon sagen, dass das Absicht ist, so ne? Aber in den meisten Fällen ist das auch einfach so dieser Instinkt, dieses, du weißt es ja einfach, dass, wenn du mit einem Jungen einen Film guckst, und du dich erschreckst, es ist niedlich, er nimmt dich in den Arm. Das ist einfach in jedem Kopf drin so. Und wenn ein Junge dann so zu dir sagt, 'Ja, wollen wir 'nen Horrorfilm gucken?', weißt du, was er vorhat, eigentlich. Also, so ist es mittlerweile halt einfach. Deswegen (2)." (Emily, 00:31:52-7)

Was das äußere Erscheinungsbild betrifft, geht dem gemeinsamen Schauen von

84 Ein weiterer Beweis dafür, dass Alltagstheorien den gleichen Erkenntnisgehalt haben können wie wissenschaftliche Theorien. Das, was Emily beobachtet, gleicht inhaltlich dem, was nach Candace West und Don H. Zimmerman als „doing gender" bezeichnet wird (West & Zimmerman 1987), oder auch den „performativen Akten" nach Judith Butler (Butler 2002).

Horrorfilmen eine gewissen Planung voraus. Doch Emily weist noch einmal darauf hin, dass, auch wenn dies mit Absicht geschieht (d. h., dass kein Mädchen „zufällig" immer dann in kurzen Pyjamahosen und Trägertops Horrorfilme schaut, wenn Jungen anwesend sind), es darüber hinaus eine viel grundlegendere Erwartungshaltung gibt, die „einfach in jedem Kopf drin" ist: nämlich, dass es, wenn Jungen und Mädchen gemeinsam Horrorfilme schauen, nicht um den Film geht.[85]

Emily versucht einerseits unbefangen zu sein, was das Horrorfilmschauen mit Jungen angeht, schließlich wissen „alle", dass sie gerne Horrorfilme guckt. Andererseits kann sie den Subtext einer Verabredung mit Jungen nicht völlig ausblenden und ergreift Maßnahmen zur Vorbeugung von Missverständnissen:

> „Emily: Na, ich finde es eigentlich Kacke, vor allen Dingen, weil ich Horrorfilme so richtig gerne gucke und, ich weiß nicht, mich haben halt schon mega-viele Jungs gefragt nach Horrorfilmen, ne, ist ja auch natürlich so, und ich meinte jedes mal so, 'Ja, ja klar, warum nicht', und ... was das angeht bin ich immer ein bisschen paranoid und denke immer so, 'Nein, das will er ja gar nicht. Er weiß ja, wie gerne ich Horrorfilme gucke und das will er ja gar nicht, das ist ja gar nicht seine Absicht', so und dann sagen mir auch so die anderen, 'Ja, du weißt schon, was das heißt, Horrorfilme zu gucken mit dö-dö-dö ne?'. Meine ich, 'Neee, wieso?', und halt jedes Mal und da musst du halt echt aufpassen. ... Du darfst nicht zu nah neben ihm sitzen, musst halt wenn du ... so angespannt bist musst du halt auch ein bisschen so aufpassen, wo er seine Hände hat so nach dem Motto. Und das ist halt auch dieses Ding, wo es halt auch, ich weiß nicht, wenn ich mit Mädchen Horrorfilme gucke, habe ich auch meistens einen kurzen Pyjama an, halt einfach so, weiß nicht, ist halt so, weil es auch mega-warm wird beim Horrorfilm-Gucken. Wohingegen ich, wenn ich mit Jungs Horrorfilme gucke immer lange Schlafanzug-Sachen anhabe, weil ich dann halt auch einfach keine Decke brauche und nicht irgendwie friere und die dann einen Vorwand haben, 'Ach, komm mal her, du bist ja ganz kalt', so. Und das ist halt schon irgendwie ein bisschen nervig, weil du halt dich auch gar nicht, du bist halt immer so, du musst halt zwei Sachen im Auge behalten, einmal den Typen, der neben dir sitzt und halt der Typ im Fernsehen, so ne? Und dann ist halt manchmal auch so ein bisschen, weiß nicht, das ist halt auch nochmal so ein bisschen Angst, so, ne, wenn du immer weißt, der neben dir könnte jetzt auch, keine Ahnung, sonstwas (..), weiß nicht, das ist halt ein bisschen Kacke.

---

85 Dieser Code, der allen Beteiligten bekannt ist und zugleich, weil er nunmal ein Code ist, nicht offen ausgesprochen wird, stellt für Zuschauer_innen wie Emily ein Dilemma dar: Will sie Horrorfilme in Gesellschaft gucken, ist es grundsätzlich nicht besonders ungewöhnlich, dies mit Jungen zu tun, da wenige Mädchen so gerne Horrorfilme schauen wie sie. Gleichzeitig kann sie als Mädchen/Frau sich aber nicht mit Jungen/Männern zum Horrorfilmschauen verabreden, ohne damit ein Interesse zu signalisieren, was über die reine Gesellschaft beim Filmschauen hinausgeht. Andererseits kann sie sich auch schlecht verabreden mit den Worten „Es geht wirklich nur um den Film", da jeder andere Grund schließlich unausgesprochen ist.

I: Hm. Also doppelte @(Anspannung)@ quasi.

Emily: Ja. @(.)@" (Emily, 00:33:19-0 bis 00:33:25-8)

Wenn man Emily zuhört, entsteht der Eindruck, nicht nur das *Final Girl* im Slasher-Film benötige ausgeklügelte Strategien, um das Ende des Films möglichst unbeschadet zu erleben, sondern auch die Zuschauerin:[86] Erstens – genügend Abstand zwischen sich und den ~~Verfolger~~ männlichen Mitzuschauer bringen, damit im Falle einer ~~unbedachten Handlung~~ unkontrollierten Gefühlsäußerung, die seine Aufmerksamkeit auf sie zieht, sein Arm sich nicht ohne weiteres ~~in mörderischer Absicht um ihren Hals~~ in „beschützerischer" Absicht um ihre Schultern legen kann. Zweitens – egal, welchen Kleidungsstil frau persönlich bevorzugt und egal, wie warm es ist: ~~sind Slasher hinter ihr her~~ sitzen Männer neben ihr auf der Couch, genügen zwei Worte um den Dresscode der „Überlebenden" zu beschreiben: „langärmelig" und „schlabberig", wer ganz sicher gehen will, füge noch „Rollkragen" hinzu. Das *Final Girl* im Film scheint sogar einen Vorteil gegenüber der Zuschauerin zu haben, schließlich muss sie sich nur Gedanken um den psychopathischen Serienkiller hinter ihr machen, wohingegen die Zuschauerin, sofern sie sich auf die männliche Gesellschaft einlässt, sowohl diese als auch den Film im Auge behalten muss.

Katrina stellt, wenn sie mit Jungen und Mädchen Horrorfilme schaut, nicht nur wie Emily einen Unterschied im Verhalten der anderen fest. Auch sie selbst verhält sich unterschiedlich, je nachdem, mit wem sie Horrorfilme ansieht:

> „-Ja, wenn man alleine jetzt mit Jungs ist, dann glaube ich, dass man weniger kreischt oder das so beim ersten Mal Kreischen oder so ganz lässt, und sich dann @(nur noch so)@ leise für sich erschreckt, weil man dann ja niemanden mehr hat, der @(mit einem schreit und dann)@ ist das auch nicht mehr so lustig, wenn keiner mitmacht, aber wenn da noch Mädchen bei sind, @(dann ist das genauso)@." (Katrina, 00:08:18-7)

Die Haltung der Mitzuschauer_innen beeinflusst ihre eigene Haltung gegenüber dem Film, wobei die Reaktionen ihrer Wahrnehmung nach nicht bewusst „gespielt" werden, um sich anzupassen:

> „[...] [D]as kommt ja auch einfach so, das plant man ja nicht, man erschreckt sich ja.

86 Das *Final Girl* ist eine Figur, die vor allem für die Slasher-Filme typisch ist. Deren Plot besteht meist darin, dass ein Serienmörder eine Gruppe von Teenagern verfolgt und der Reihe nach umbringt. Die Filme enden üblicherweise damit, dass eine Person dem Mörder entweder entkommt oder ihn tötet. Diese Person ist (fast) immer weiblichen Geschlechts, daher also *Final Girl*.

Aber ich glaube so, wenn Jungs so die Haltung annehmen, dass das alles nur ein Film ist und nicht ernst ist und so, dann steigert man sich da nicht so hinein, sondern denkt auch irgendwann, 'Das ist nur ein Film, das muss man gar nicht ernst nehmen und eigentlich ist das alles nicht so schlimm und (.)' keine Ahnung. Und wenn Mädchen (.), so, wenn man das zusammen macht, dann steigert man sich ja viel mehr in die Geschichte rein und dann denkt man @(wirklich, dass das schlimm ist)@. [...]" (Katrina, 00:09:02-4)

Haben Mädchen/Frauen und Jungen/Männern also womöglich unterschiedliche Erwartungen an Horrorfilme?

„Ja, glaube ich schon. (.) .. Also, ich weiß nicht, was Jungs jetzt wichtig am Horrorfilm ist, aber ich glaube, das ist so ein Grad an Brutalität oder so, der gezeigt werden kann. Meistens sind das dann auch so die (.), also, die Filmvorschläge, die ich so von Jungs kenne, sind immer solche (.) mit . (.) möglichst viel Brutalität, also, so Folter (.) -filme, sowas wie 'Saw' oder so und dann irgendwann . fangen die damit an, dass 'Saw' nicht mehr schlimm ist und dann gibt es da noch welche neuen, noch schlimmeren (.) @(Möglichkeiten)@, wie da Leute umgebracht werden und (.) viel Blut und (.) bei Mädchen (.) weiß ich das gar nicht, wonach man sich da (.) so orientiert. (.) Ich glaube so, das hat so keinen bestimmten, eher so Filme, von denen man mal gehört hat und die gut sein sollen, die man sich dann auch mal anguckt, also, wir gucken auch 'Scream' oder sowas (.) ähm, 'Saw' @(.)@. 'Saw' haben wir auch alle Filme geguckt, aber das hat dann nichts zu tun damit, ... dass das möglichst schlimm ist. Sondern (2) ich weiß nicht (2) einfach so, das hat, glaube ich, keine bestimmten Kriterien. Und wenn der nicht gut ist, machen wir den immer aus." (Katrina, 00:10:46-7)

Jungen wählen, Katrinas Erfahrung nach, Horrorfilme anhand des Kriteriums „möglichst brutal" aus, Mädchen orientieren sich eher an Empfehlungen/Meinungen oder Bekanntheit eines Films. Wohlgemerkt: Auch Mädchen schauen ihrer Auskunft nach brutale Horrorfilme, jedoch nicht *weil* er brutal ist.

Reiko stellt ebenfalls fest, dass es einen Unterschied macht, ob sie mit Frauen oder Männern Horrorfilme schaut, und ähnlich wie Emily erlebt sie es als eher negativ, mit Männern Horrorfilme zu schauen:

„Ja, das ist ganz komisch. Ich gucke, glaube ich, lieber mit Frauen Horrorfilme, weil ich mich da auch eher in meinen Reaktionen gehen lassen kann, und . also, meistens gucken wir den halt drüben dann auf meinem Bett, da ist halt mein Rechner oder mein Fernseher und so. Und irgendwie ist das halt so, dann @(kreischt man mal und packt sich oder sonst irgendwas)@, versteckt sich unter der Decke und es gibt auch Männer, irgendwie, keine Ahnung, hier Zuhause, das (.) da fällt es mir nicht irgendwie schwer oder so daaa Reaktionen zu zeigen, aber dann, (.) also, ich glaube, ich gucke das eher ungern mit (.) Typen, die ich nicht so gut kenne oder so. Da kann ich mich irgendwie nicht so (.) gehen lassen. Ich glaube, da vermeide ich dann eher mal eine Reaktion zu zeigen, indem ich dann einfach mal weggucke oder so. Wenn ich denke, da kommt jetzt gleich was Heftiges. (3) Ja, das ist schon irgendwo ein Unterschied. (2) Aber es hat natürlich auch was damit zu tun, wie nahe man sich steht. Also, wenn ich jetzt irgendwie hier zu Hause mit meinen Mitbewohnern was gucke, dann, (.) keine Ahnung, kann ich mich da auch anders fallen lassen. Die kennen mich natürlich aber noch von tausend anderen Seiten, da ist es auch ok, wenn ich dann mal @(.)@ einmal schreie oder was auch immer mache. @(.)@ Ja." (Reiko, 00:40:07-6)

Auch Reiko kann sich, wie Emily, eher ungezwungen verhalten, wenn sie nur mit Frauen zusammen einen Horrorfilm ansieht; dann scheut sie sich nicht, Reaktionen zu zeigen. Allerdings scheinen Hemmungen, sich in Gegenwart von männlichen Zuschauern genauso zu verhalten, nicht daher zu rühren, dass sich Reiko vor „Anmachen" schützen möchte, sondern es ihr eher allgemein unangenehm ist, sich durch diese unkontrollierte Äußerung von emotionalen Reaktionen preiszugeben. So räumt sie auch ein, dass es ihr nicht ausnahmslos unangenehm ist, mit Männern Horrorfilme zu schauen. Es geht Reiko also weniger darum, ihre Reaktionen nicht vor Männern zur Schau stellen zu wollen, sondern vor Fremden.[87] Anders als Emily kann Reiko ihre Reaktionen auf den Film jedoch eher steuern: sie vermeidet es im Zweifelsfall, sich „gehen zu lassen".

Vergleicht man die Erörterungen von Emily und Reiko, die sich beide um den Aspekt drehen, dass sie sich in Anwesenheit von Männern nicht völlig ungezwungen einen Horrorfilm ansehen können, so entsteht der Eindruck, dass auch das Alter eine Rolle dabei spielen könnte, dass die gleiche Situation aus unterschiedlichen Gründen als unangenehm empfunden werden kann: Das Unbehagen von Emily (18 Jahre) beim Horrorfilmschauen in Anwesenheit von Jungen rührt nicht daher, dass ihr Verhalten nicht den Erwartungshaltungen ihrer Umwelt entspricht – im Gegenteil, Mädchen „sollen" sich erschrecken –, sondern daher, dass die Bedeutung ihres Verhalten fehlinterpretiert werden könnte. Bei Reiko (33 Jahre) wiederum entsteht kein Unbehagen durch eine etwaige Mehrdeutigkeit ihres Verhaltens, oder zumindest thematisiert sie dies nicht in unserem Interview, aber ihr Verhalten selbst scheint nicht den Erwartungen zu entsprechen, die eine erwachsene Frau erfüllen soll. Dies wird hier indirekt deutlich: „kreischen" und „sich unter der Bettdecke verstecken" (Reiko, 00:40:07-6) gelten schließlich nicht als besonders erwachsen.

87 Die Wahrscheinlichkeit ist höher, dass ein Mann sich über eine Reaktion auf einen Horrorfilm eher lustig macht als eine Frau, aus den Gründen, die bei Emily deutlich geworden sind (siehe *andere Reaktionen*, S.87). Diese Einteilung in „männliches" und „weibliches" Verhalten zu bestärken, ist offenbar nicht nur typisch für das Umfeld von Emily.

Auch Sadako stellt Unterschiede fest, positioniert sich ihnen gegenüber jedoch anders als Emily, Alice, Reiko und Angela:

> „Frauen schreien öfter 'Iieh' und 'Ääh' und 'Uääh' und kreischen noch . schneller als Männer und die kann man schöner erschrecken, das ohne Zweifel, so. Das macht es ja so reizvoll, mit Frauen Horrorfilme zu gucken. . Mit Männern ist das einfach cool (2), mit denen kann man hinterher noch eingehender . darüber diskutieren, so, dass ist ganz komisch. Frauen wollen da nicht so drüber reden, habe ich festgestellt. Die reden zwar gerne über King Kong und die Schöne da auf dem Wolkenkratzer "aber" (.)" (Sadako, 00:13:27-6)

Mit „die Frauen" sind *andere* Frauen gemeint, denn für Sadako ist das Diskutieren und Analysieren eines Horrorfilms ein wichtiger Teil des Vergnügens.[88]

Frauen haben, Sadakos Erfahrung nach, nicht nur kein Bedürfnis, inhaltlich über Horrorfilme zu sprechen. Die Mehrzahl von ihnen sei grundsätzlich nicht an Horrorfilmen interessiert, was Gruppenzwang ausübe auf diejenigen Frauen, die sich lieber Horror- als andere Filme ansehen:

> „Und so .. ist das halt auch bei . Horrorfilmen und normalen Filmen. So. Dann gibt es Mädchen, ... und junge Frauen und ältere Frauen und reife Frauen, die stehen aus vollem Herzen auf Leonardo DiCaprio und möchten sich unbedingt diesen Film angucken, jetzt meinetwegen in einer Gruppe von fünf schnatternden Gänsen so und dann steht da aber eine dazwischen, und die sagt so, 'Oah, eigentlich hab' ich überhaupt keine Ll-lust mir den Scheiß anzugucken, ich würde mir lieber .... (2) 'Diary of Death' angucken'. So, ist aber in dem Moment in der prekären Lage zu entscheiden, 'Geh' ich jetzt mit und guck mir Leonardo DiCaprio an (.) und habe dafür meine Freundinnen um mich oooder ich geh' in den Horrorfilm, sitz da, guck einen Film, der mich interessiert und den ich wirklich toll finde, sitze da aber ganz alleine'. (.) Da spielt dann auch noch der Gruppenzwang, das sind ganz viele sozial-dynamische Fakten .. das spielt da alles noch mit rein, warum Frauen keine Horrorfilme gucken." (Sadako, 00:20:29-7)

Im Gegensatz dazu werden „[...] Jungs [...] schon dazu ermutigt (.), sich Männerfilme anzugucken, das Testosteron muss nur so spritzen" (Sadako, 00:22:24-5). Folgt man den Ausführungen von Sadako, ist es wenig überraschend, dass sie als Frau nicht immer Verständnis für ihre Lust am Horrorfilm erntet:

> „[...] [D]ie meisten wollen es gar nicht verstehen. Die könnten es verstehen, die könnten es nachvollziehen, aber die wollen nicht, weil es einfach nicht stereotypisch für eine junge Frau ist sich Horrorfilme anzugucken." (Sadako, 00:57:32-1)

Dabei hat sie eine durchaus plausible Erklärung für ihre Vorliebe:

> „Die einen lachen gerne, (.) die anderen weinen gerne (.) und die anderen gruseln sich

88 Mehr dazu siehe *Kapitel 5.3.2*, S.98.

gerne – fertig. Die einen gucken sich liebend gerne ... Komödien an, weil sie es einfach witzig finden, aber ich finde das so plump und es (ist) wieder genauso (.) ausgelutscht, das Thema Komödie ist genauso ausgelutscht wie das Thema Leonardo DiCaprio. Oder Vampire, so, da gibt es einfach nichts Neues, was mich überraschen würde. Liebesgeschichte ist auch immer das Gleiche. Der Loser verliebt sich in die High-School-Schnecke, die Schönste vom ganzen Hof und sie dann in einer melodramatischen Wende dann auch in ihn und alles ist schön (.) und beim Horrorfilm hast du immer noch so ein (.), da sehe ich mehr Möglichkeiten." (Sadako, 00:58:25-4)

Unterschiedliche Filmgenres bedienen unterschiedliche Bedürfnisse der Zuschauer_innen. Horrorfilme sind in dieser Hinsicht gar nicht so besonders.[89] Sadako zieht den Horrorfilm anderen Filmen vor, weil sie es schätzt, wenn eine Geschichte nicht immer nach der gleichen Formel erzählt wird. Dies ist in vielen Spielarten des Horrorfilms gegeben.[90]

5.3 Auseinandersetzung mit dem und Austausch über den Film

Für einige der von mir interviewten Zuschauerinnen ist Gesellschaft nicht nur wichtig, um Horrorfilme zu schauen, sondern auch, um über diese zu reden. Auch hier lassen sich ihre Ausführungen einordnen in allgemeine und geschlechtsspezifische Aspekte.

5.3.1 Allgemein

Die Art der Kommunikation hängt von Film und Gesprächspartner_in ab:

„. Das kommt auf den Film drauf an würde ich sagen. Es gibt Filme, da kannst du . also, es kommt auch ein bisschen auf die Freunde drauf an, mit denen man guckt, so, aber- . (.) Mit Katrina zum Beispiel, sage ich mal, leihe ich mir (.) Filme aus, wo man mehr mitdenken muss. Wo man halt die ganze Zeit dabei sein muss, damit man den überhaupt versteht ... Wenn du Filme nicht verstehst, dann findest du die ja auch nicht gruselig und das ist das Ding. Ich habe mal mit jemandem einen Film geguckt, der hat den einfach nicht verstanden. Und dadurch, dass der halt immer fragt, 'Hä, was ist das denn jetzt?', und: 'Was soll das denn?', und: 'Warum ist die denn auf einmal jetzt so?', und dadurch .... habe ich ihm das dann immer gesagt und meinte nur so, 'Du musst halt aufpassen, du musst halt aufpassen', aber im Endeffekt macht das so gar keinen Spaß, den Film zu gucken, auch wenn ich gerne mit ihm Filme gucke, aber da habe ich halt so gemerkt, weil eigentlich ist er (.), ja, das ist halt (.) worüber redet- (2) man redet halt entweder über die Situation, 'Öh, ich hab' mich so erschrocken, dass das Glas umgekippt ist', . oder: 'Ich hab' mich so erschrocken, weil (.) das und das'. Oder halt so: 'Warum

89 Siehe auch *Kapitel 4.6.5,* S.67.

90 Dass dem so ist, liegt am Genre selbst: Die Zuschauer_innen lassen sich nur begrenzt mit den gleichen Mitteln erschrecken und ängstigen. Es gibt aber auch genügend Horrorfilme, die sich die Mühe einer einfallsreichen Geschichte sparen (siehe *Gotcha! Moments*, Fußnote S. 95).

> hast du dich überhaupt erschrocken, das war doch gar nicht gruselig?', so, und du warst halt die einzige, die sich erschrocken hat. Oder wir reden halt über den Film: (.) ., was unrealistisch war oder (.) so, die Kernaussage nochmal zum Schluss sozusagen, 'Ja, hm, der Film war auch ein bisschen komisch, weil', also, wir geben danach halt immer nochmal so ein Statement sozusagen zum Film ab, 'Der Film war aber gut, weil' oder: 'Der Film war halt schlecht', : 'Das hat mir nicht so gut gefallen, da hätten (die das) so und so', also, so halt noch ein bisschen. Jo." (Emily, 00:18:08-9)

Sind die Zuschauer_innen nicht auf dem gleichen Stand, ist das Gespräch für Emily eher unbefriedigend, bzw. gar nicht in dem Umfang möglich, wie sie es gerne führen würde. Sie ist ebenfalls wie Reiko genervt davon, wenn Zuschauer_innen sofort laut nach Antworten verlangen, sobald der Film eine Frage aufwirft (vgl. S. 84).

Amanda und ihre Freund_innen tauschen eher Empfehlungen miteinander aus, als dass sie direkt im Anschluss an einen Horrorfilm dessen Inhalte diskutieren:

> „[...] Doch, also, ich tausche mich schon aus. Also, gerade mit . Reiko ganz viel, weil wir halt auch ziemlich gut miteinander befreundet sind und . mit . D. auch noch, wir wohnen ja auch noch zusammen. (....) Oder mit S., S. ist auch eine gute Freundin von mir, die guckt sowas auch wohl mal. Da wird schon ausgetauscht, so, 'Wie fandst du den denn?', und: 'Mh, langweilig', und: 'Mh, geht', und: 'Der ist ganz gut' oder mal so . Tips geben, wenn du mal alleine einen gesehen hast, so: 'Guck den mal an, der ist ganz ... cool'. (Das schon.) Aber in meinem Freundeskreis gucken auch gar nicht soo viele so intensiv Horrorfilme wie ich. Außer Reiko." (Amanda, 00:10:43-7)

Reiko tauscht ebenfalls gerne Meinungen mit anderen aus. Dabei geht es nicht allein um eine Wertung von „gut" und „schlecht", sondern auch Härtegrade:

> „(4) Oah, das ist eine gute Frage. Also schon viel über .. so Szenen, was . war so das Krasseste. (.)Dann auch Meinungsaustausch, also, einfach so eine sachliche Bewertung, 'Der Film war gut, weil', 'Der Film war schlecht, weil'. (.) . (2) Ja ich glaube, das sind so die Themen. Ne, einfach erstmal so eine 'sachliche Bewertung' aber auch, ja, was hat einen selber auch so daran aufge(.)rührt. Also, was war einem selber vielleicht auch zu krass oder (.). so wie man sich auch zum Teil über andere Filme unterhält: 'Der war langweilig, weil', und: 'Der war gut, weil' (3). Und ich finde auch, das ist auch so ein bisschen so ein, ja weiß ich nicht. (.) Das ist Filme, Musik, was auch immer, man hat da hat da irgendwie so ein, das ist ein bisschen wie ein Hobby oder so und ich bin jetzt nicht total die Expertin und kenne irgendwie alle Klassiker und, also, das würde ich von mir jetzt nicht behaupten oder so, aber es ist schon einfach ein Thema, mit dem man auch zu Leuten einen Zugang kriegt, wo man auch irgendwie (.) ja, vielleicht eine Gemeinsamkeit hat und sich drüber austauschen kann. Und dann kommt man zum nächsten Film und das.. hat irgendwie was mit (.) ja, ich habe irgendwie so eine (.) ja, Liebe zu Horrorfilmen ist übertrieben, aber (.) es ist so, als ob andere Leute irgendein Hobby haben, über das sie sich auch austauschen, so. (9)" (Reiko, 00:48:19-4)

Dieser Austausch über den Film hat für Reiko also auch eine ganz allgemeine Funktion: er bietet, wie andere Interessen auch, ganz einfach ein Gesprächsthema und sie bekommt Zugang zu Menschen, die dieses Interesse teilen. Doch sie interessiert sich durchaus auch für die Hintergründe der Filme selber und gibt sich dabei nicht immer nur mit dem zufrieden, was der Film als solcher ihr bietet:

> „I: Du sagst eben, du hast dir dazu noch was angelesen, machst du das manchmal? (Nachträglich)-
>
> Reiko: -Ja, manchmal mache ich das schon. Doch. (.) Also, aus so einer Laune heraus, ne? Oder (.) einfach auch aus Interesse. (.) Aber jetzt nicht regelmäßig. Aber wenn das echt so Filme sind und (.) . ... ich jetzt den Sinn so nicht verstanden habe, da gucke ich schon mal nochmal nach, was sagen andere dazu oder vielleicht auch selbst die Filmemacher oder -macherinnen. (.) Ja. (4)" (Reiko, 00:30:26-3 bis 00:31:03-8)

Reiko recherchiert Hintergründe zu Inhalten, die sie nicht zu verstehen glaubt. Sie interessiert sich zudem allgemein für die Entwicklungsgeschichte des Horrorfilms und dafür, warum man_frau sich „sowas" ansieht:

> „[...] [D]as ist schon genauso ein Filmgenre, wie alle anderen auch und das kann man nochmal in ganz viele Bereiche unterteilen und (.) das hat irgendwie einen Grund, warum Leute so was gucken und das hat auch eine Geschichte und das finde ich irgendwie auch interessant, so. [...]" (Reiko, 01:01:02-6)

Auch Sadako *analysiert* gerne gemeinsam mit Gleichgesinnten das Gesehene:

> „Sadako: Ja klar, das macht total Spaß. Jetzt zum Beispiel 'Fall .. 39', den du vorhin angesprochen hattest, . wenn man sich da hinsetzt und jetzt darüber diskutieren kann, was das denn jetzt gewesen ist, dieses Kind. War es denn jetzt ein Wechselbalg oder war es einfach nur ein geborener Dämon, ist es ein normaler Geist gewesen, der in das Kind eingefahren ist? So etwas macht halt Spaß hinterher zu diskutieren.
>
> I: Hm. Also, .. das hört sich jetzt so an, ihr unterhaltet euch dann (.) jetzt nicht über die Schauspieler oder so .... Also ihr unterhaltet euch schon inhaltlich so über . diese Situation, das, was im Film dargestellt-
>
> Sadako: -Genau. Genau, wir analysieren dann quasi so, 'Was war das jetzt für'n Monster und was für eine Motivation hatte . dieses Vieh?'. Bei Zombies ist es klar, bei Geistern manchmal eher weniger. . und .... wenn man dann mal was gelesen hat zu dem Thema, so, 'Was weißt'n du darüber?', 'Naja, aber ich hab mal gelesen, dass das eigentlich so ist', und das kann man schön miteinander vergleichen und dann kann man den Film nochmal hinzuziehen und gucken, wie es da zusammen passt, also, da steckt schon viel Theorie drin und man kann sich da schon richtig mit auseinander setzen, richtig tief. Und das ist halt das Coole daran. [...]" (Sadako, 00:13:51-1 bis 00:14:50-8)

Sadako diskutiert die Elemente eines Films und versucht sie so in der Logik der Diegese zu verorten. Zu diesem Zweck geht die Erörterung auch bei Sadako über das Gesehene hinaus und bezieht das Wissen ein, welches sie und ihre (männlichen) Gesprächspartner sich zum Thema angeeignet haben. Eine wichtige Informationsquelle für sie: die okkulte Abteilung der Stadtbibliothek:

> „(.) Also, ich hatte früher eine Lieblingsabteilung in der Stadtbibliothek und das war die okkulte Abteilung. Das war damals die Stadtteilbibliothek Neustadt, da hatte ich so ziemlich jedes Buch in der Hand von Kräuterkunde bis Dämonologie. (.) Und . momentan ist es leider Gottes ein bisschen eingeeist, aber ich habe viel Grundwissen, einfach dadurch, dass ich soviel davon gelesen habe, dass ich im Groben schon das Gesehene einschätzen kann. Wenn es dann um die Feinheiten geht, dann müsste ich mich auch nochmal ans Buch setzen oder ins Internet gehen. So, wenn ich dann Feinheiten zu bestimmten Geistern, Dämonen, Zombies, Vampiren wissen möchte." (Sadako, 00:48:18-4)

Das Analysieren von Horrorfilmen und das Austauschen darüber funktioniert besser mit Männern, ist Sadako überzeugt. Näheres im folgenden Abschnitt (S. 99).

5.3.2 Geschlechtsspezifisches

Reiko nimmt zwar an, dass viele Frauen Horrorfilme schauen, dass das Genre alles in allem aber doch „eher so eine männerdominierte Sache" sei. Dies zeigen ihr vor allem Gespräche über die Filme:

> „[...] Also, ich glaube schon, dass es auch viele Frauen gibt, die Horrorfilme gucken, aber es ist irgendwie, also, meine subjektive Einschätzung ist, dass das schon auch eher so eine männer(.)dominierte Sache ist. Dass das schon eher so eine Ausnahme ist, also das merke ich auch an Reaktionen, wenn (ich mich) mit Männern da drüber unterhalte oder so. (.) Dass das einfach eher (3), ja, dass es auf jeden Fall weniger Frauen, glaube ich, gibt, die (.) . solche Filme gucken. (3)" (Reiko, 00:46:04-1)

Die Reaktionen darauf, dass sie Horrorfilme schaut, reichen von Gelassenheit bis Irritation:

> „Reiko: (3) . ... Manchmal, also nicht richtig rechtfertigen, aber man kriegt ja schon so Reaktionen (.) ne? Da würde ich sogar, glaube ich einen Unterschied, also ich habe so das Gefühl, dass .. Frauen da auch eher so verständnisloser, ja nee, nicht verständnisloser, sondern so irritierter drauf reagieren, wenn man irgendwie sagt, 'Ich guck' gern Horrorfilme', oder (.) da irgendwie von erzählt. Bei Männern ist das dann eher so dieses, 'Ja, ist nicht mein Ding, sowas gucke ich nicht, kann ich nicht gut ab'. Bei Frauen habe ich eher so das Gefühl, dass das nochmal so mehr Irritationen auslöst, wie man (.), wie eine Frau Horrorfilme gucken kann oder so.
>
> I: Genau das wäre jetzt meine nächste Frage ... meinst du, die sind dann irritiert (.), dass jemand Horrorfilme guckt, oder dass du als Frau (Reiko: Ja) Horrorfilme guckst–
>
> Reiko: –ich glaube schon. Also, das ist jetzt so eine subjektive (.) Einschätzung von mir aber ich habe schon so, ne, das ist irgendwie eine andere Reaktion, die man da auch oft

kriegt. (.) Also, jetzt nicht total extrem oder so, aber (.) irgendwie (.) sehe ich da schon einen Unterschied. (.) Nicht bei allen, ne, gibt auch welche, die auch genauso sagen, 'Das ist einfach nicht mein Ding', oder so. (2) Aber ich glaube schon, dass das auch eher so ein (2), ja, so in der Öffentlichkeit, in der Gesellschaft eher Männern zugeschrieben wird, dass sie Horrorfilme gucken. (4) Obwohl, das dann auch nicht so, also, klar, sicherlich gibt es irgendwie mehr Männer, die das gucken als Frauen, aber es gibt auch Frauen, die Horrorfilme gucken. Und ich glaube, dass diese Zahlen auch oft unterschätzt werden. Das wird dann eher den Männern zugeschrieben. (3) Ja. (10)" (Reiko, 00:01:14-7 bis 00:02:46-5)

Nach Reikos Einschätzung wird der Horrorfilm nach wie vor als „männliches" Filmgenre wahrgenommen, andererseits werden, so glaubt Reiko, die Zahlen an weiblichen Fans unterschätzt.

Sadako findet, dass sich Horrorfilme besser mit Männern als mit Frauen analysieren lassen. Warum das so ist, erklärt sie so:

„Nee, weil, wenn es darum geht .. Ja, gutes Beispiel ist 'Mirrors' zum Beispiel. In der Anfangsszene ist ein Wärter, der sich so ziemlich am Anfang, eigentlich gleich sofort, schneidet der sich . den Hals auf. Die Frau sitzt jetzt da und schreit 'Hiiieh' und denkt gar nicht weiter über diese Szene nach, warum der sich denn jetzt den Hals aufschneidet, so. Die betrachtet nicht den Hintergrund, die Umgebung, die Umstände, sondern einfach nur das, was gerade passiert. Das wird ekelig und die blendet alles andere aus, "das ist"-" (Sadako, 00:15:28-8)[91]

Sadakos Erfahrung ist, dass Frauen eher spontan auf das unmittelbare Geschehen reagieren, z. B. mit Kreischen, und nicht die nötige Distanz einnehmen, um jenes in einen Kontext einzubetten. Auch hierfür hat Sadako eine Erklärung:

„Sadako: Ja das Ding ist ., es hängt auch ein Stück weit mit der Erziehung zusammen. So, meine Mama hat gesagt, 'Geh raus, Kind, spiele, und wenn du dich dreckig machst,

91 Ich habe mir im September 2010 *Resident Evil - Afterlife* im Kino angesehen, in Begleitung von drei Männern und einer Frau. Dabei habe ich einige Beobachtungen gemacht, die einerseits diejenigen von Sadako bestätigen, mir andererseits aber auch noch andere Lesarten von Geschlechterstereotypen ins Gedächtnis riefen. Die Initiative, die fantastischen inhaltlichen Phänomene des Films innerhalb der Diegese zu analysieren, ging vor allem von den Männern aus, was mit Sadakos Schilderungen übereinstimmt: Warum gibt es nur Zombie-Menschen und -Hunde, wenn doch das Virus durch die Luft übertragen wird? Warum kann Alice einfach so das Gebäude am Anfang des Films in die Luft sprengen und wissen, dass lediglich all ihre Klone getötet würden und nicht sie selbst? Andererseits erörterten „wir Frauen" die Frage einiger Effekte, auf die der Film zurückgreift: Sind sie „out" und und lassen den Film überholt aussehen? Oder sind die Effekte seit *The Matrix* ein Muss für Actionfilme? Hierbei fiel mir auf, dass mir folgende Geschlechterstereotype ebenfalls geläufig sind: Männer, die über die Effekte sprechen und augenrollend stöhnen, „Ist doch nur ein Film", wenn Frauen inhaltliche Unstimmigkeiten aufzeigen. Demnach wäre es „weiblich", inhaltliche Fragen zu stellen und „männlich", über Effekte zu sprechen. Es sind eben immer mehrere Lesarten möglich - und zwar auch sich widersprechende.

dann machst du dich dreckig, Hauptsache du hast Spaß, alles andere kann man waschen'. Andere Mädchen werden dazu mit, 'Ach, setz dich doch mal hin und spiel' mit deinen Puppen', und: 'Iieh, guck mal, da ist eine Spinne, lauf schnell weg'. Dass die Spinne vielleicht cool aussah, das sieht die im ersten Moment gar nicht. Ich mein', gut, ich habe auch eine kleine Spinnenphobie, ich geh aber hin und sag', 'Boah, ist das Vieh fett! Guck dir mal die Haare an', dreh mich dann um und geh weg. (.) Also ich geh da noch ein bisschen anders an die Sache ran als jetzt zum Beispiel meine Freundin. Die hat sich hingesetzt, mit Puppen gespielt, hat sie angezogen, ausgezogen, oh, ein Fleck, mach weg. Das hat schon, (sie) wurde halt mehr zum Mädchen erzogen. Fraulicher.

I: Und also im Umkehrschluss ist es dann eben nicht besonders fraulich, (.) Horrorfilmeee (Sadako: Nein.) zu mögen oder so zu analysieren, wie–

Sadako: –Gar nicht. Gar nicht, wobei sich das, das hab ich festgestellt, viele Mensch-, viele Männer sich das wünschen würden, so wenn die Freundin denn mit denen einfach mal stumpf in den Horrorfilm geht und den auch bis ins letzte Detail analysiert mit denen. Das würde die wahnsinnig freuen. Das tun die aber nicht, da haben die viel zu viel Schiss vor. Anerzogenen Schiss. .. Und diesen anerzogenen Ekel. Es ist einfach nicht fraulich." (Sadako, 00:16:20-7 bis 00:16:57-2)

Der Umstand, dass viele Frauen mit „Kreischen" auf Horrorfilme reagieren, anstatt sie „sachlich" zu betrachten – und so erlebt Sadako es – hat ihrer Ansicht nach weniger biologische als soziale Ursachen: die meisten Mädchen würden dazu erzogen, sich zu ekeln – vor Dreck, Spinnen und eben auch Horrorfilmen. Dabei, so fügt Sadako hinzu, sei es keineswegs so, dass diese Reaktion notwendigerweise von Männern „erwünscht" sei – im Gegenteil:

„-Nee, gar nicht, die sind genervt hoch zehn. Da läuft der gute Horrorfilm, es läuft ein mittelprächtiger Actionfilm und es läuft die absolut grottenschlechte Liebesschnulze mit Leonardo DiCaprio. Wobei ich ja persönlich bei dem Kerl Schüttelfrost kriegen würde. . Er würde sich wünschen natürlich den Horrorfilm, angenommen, er ist ein Horrorfilmfan. Wäre auch wirklich sehr hocherfreut darüber, wenn die Freundin da reingeht, aber (.) die will nicht. Die ist da gar nicht . drauf geeicht. Die sagt automatisch, 'Ich will Leonardo DiCaprio in Badehose sehen'. (2) Und er würde es, also, ich glaube, die würden es mal erfrischend finden, wenn die Freundin mitkommt. Und wenn sie denn mitkommt in den Horrorfilm, dann immer mit dieser gespielten, 'Ääh, ich will nicht, aber na gut, ich tu's jetzt einfach mal'." (Sadako, 00:18:29-7)

Bei dem Wort „gespielt" hake ich nach, da zuvor nur die Rede von „anerzogenem Ekel" war, was ein Unterschied ist:

„Sadako: Wie gesagt, weil sie es oftmals nicht zugeben möchten, das ist, das ist ein ganz paradoxes Thema. Auf der einen Seite (.) wollen die das sehen. So.

I: Also doch.

Sadako: Sie wollen es sehen. Aber denen ist immer .. eingetrichtert worden, 'So, hör zu, es (.) ist (.) nicht (.) fraulich'. (.) So: .. 'Es gehört sich für eine Frau nicht, einen Horrorfilm, in dem Zombies marodierend durch die Straße rennen und Leute zerfleddern, solche Filme zu gucken ist nicht fraulich. So, du stehst auf Leonardo DiCaprio'. Das ist das Gleiche wie (.), dem kleinen Bruder wird das Fußballbuch geschenkt und der großen Schwester wird das Pony-Buch geschenkt. So, und wenn die Frau, das Töchterchen, jetzt aber lieber das Fußballbuch lesen möchte, hat die leider Gottes schlechte Karten, weil (.) es getrennt worden ist und der Bruder wird in hundert Jahren sein Fußballbuch nicht rausrücken. So." (Sadako, 00:18:43-9 bis 00:19:27-6)

In der Tat ein paradoxes Thema, wenn es sich so verhält, wie Sadako es schildert: Eigentlich sind auch Frauen neugierig auf Horrorfilme, können dies aber nicht zeigen, weil es als „nicht-fraulich" gilt, Horrorfilme gerne zu gucken. Selbst wenn ein Mann eine Frau ermutigt, sich einen Horrorfilm anzusehen, kann sie, so Sadako, ihr tatsächliches Interesse nicht bekunden, sondern auf die Aufforderung nur mit gespieltem Widerwillen eingehen.[92]

Wie deutlich geworden ist, gibt es verschiedene Gründe, sich einen Horrorfilm unter ganz bestimmten Bedingungen anzusehen – oder es zu vermeiden. Für private Räume sprechen Altersbeschränkungen, Kostengründe, Zeitmangel, spontane Entscheidungen, der Zufall beim Zappen, aber auch die bewusste Entscheidung gegen einen öffentlichen Raum, wenn die Zuschauerin ihre Reaktionen auf den Film nicht verbergen kann oder sie nicht vor Fremden preisgeben mag. Alleine schauen die von mir interviewten Zuschauerinnen sich Filme eher ungeplant an: wenn gerade ein Horrorfilm im Fernsehen läuft oder für einen bestimmten Film keine Mit-Zuschauer_innen zur Verfügung stehen, sie den Film aber auf jeden Fall sehen möchten.

Beim Schauen von Horrorfilmen in Gesellschaft wird die Situation durch die Mitzuschauer_innen beeinflusst. Es ist ein besonderes Gemeinschaftserlebnis, sich gemeinsam zu erschrecken und darüber zu lachen. Es bedeutet auch ganz schlicht, sich nicht alleine fürchten zu müssen. Manchmal fällt die Wahl einer Gruppe beim gemeinsamen Filmabend auf einen Horrorfilm, ohne dass dies vorher geplant war. Einige meiner Interviewpartnerinnen legen explizit Wert darauf,

92 Wieder eine Zwickmühle: frau soll einerseits weiblich sein, und sich zu ekeln ist das passende Attribut. Andererseits will der Mann nicht in die Liebesschnulze gehen müssen – wobei es nicht auszuschließen ist, dass er genauso heimlich diese gerne sehen möchte und ebenfalls „Widerwillen" vortäuscht. Vielleicht spielen beide ihre jeweilige Reaktion, um die Geschlechterrollen nicht infrage zu stellen?

nicht mit irgendjemandem Horrorfilme zu schauen – es dürfen keine „dummen Fragen“ gestellt oder blöde Witze gemacht werden.

Für einige Zuschauerinnen bedeutet Horrorfilm-Abend im besten Fall „Mädelsabend“, da Frauen sich mehr erschrecken, was zum einen lustiger ist, zum anderen aber auch dazu führt, dass sie sich besser in den Film hineinversetzen können. Außerdem ist es entspannter, wenn frau sich unter ihresgleichen nicht in ihren Reaktionen kontrollieren muss. Dieses Verhalten ist zwar nicht zwingend durch das Geschlecht bedingt, aber häufig aufgrund von sozialen Bedingungen daran gebunden. Dabei sind sowohl Männer als auch Frauen mehr oder weniger bewusst daran beteiligt, diese geschlechtlichen Stereotype – Männer sind cool, Frauen ängstlich – zu reproduzieren.

Horrorfilme gemeinsam zu schauen impliziert für einige meiner Interviewpartnerinnen körperliche Nähe zu den anderen Zuschauer_innen. Unter Mädchen/ Frauen wird dies durchweg als positiv empfunden, körperliche Nähe zu männlichen Mitzuschauern ist zumindest für Emily eher negativ und wird als Anmache aufgefasst. Grundsätzlich wird aus Emilys Sicht die Situation eines gemischtgeschlechtlichen Horrorfilmabends von beiden Seiten häufig als Anlass genommen, sich einander anzunähern. Die Zuschauer_innen verhalten sich hier sowohl bewusst als auch unbewusst besonders geschlechtsbetont – mehr als in getrenntgeschlechtlichen Situationen.

Die Gründe, warum gemischtgeschlechtliches Schauen von Horrorfilmen als unangenehm empfunden wird, sind unterschiedlich, was wiederum mit dem jeweiligen Alter der Zuschauerin zusammenhängen mag.

Was den Austausch über Horrorfilme angeht, wird die Art der Kommunikation darüber allgemein von Film und Zuschauer_innen-Konstellation bedingt. Es werden sowohl Inhalte besprochen, als auch Empfehlungen ausgetauscht und Härtegrade bewertet. Horrorfilme können, wie jedes andere Interesse auch, Gesprächsthemen sein, welche Menschen miteinander verbinden, die dieses Interesse teilen. Reiko und Sadako recherchieren beide auch Hintergründe zu Filmen und beziehen ihr eigenes Zusatzwissen, sowie das der anderen Zuschauer_innen in die Analyse mit ein.

Was geschlechtsspezifische Aspekte der Kommunikation angeht, so ist die – wie sie selbst betont – subjektive Wahrnehmung Reikos, dass zwar mehr Frauen Horrorfilme schauen, als der anhaltende Mythos des Genres als „Männerdomäne" wahr haben will, doch sie erntet vor allem irritierte Reaktionen darauf, dass sie „als Frau" Horrorfilme schaut. Auch Sadako ist der Überzeugung, dass es vor allem ein soziales Spiel und Erziehung sind, die verhindern, dass Frauen ihrer Neugierde auf Horrorfilme nachgehen. Sie empfindet es daher als positiv, mit Männern Horrorfilme zu schauen, da sie die als „männlich" gekennzeichnete (=analytische) Art der Kommunikation der „weiblichen" in Bezug auf Horrorfilme vorzieht.

Fazit

Unter der Voraussetzung, dass die Bedeutung von Dingen nicht in den Dingen selbst, sondern bei ihren Nutzer_innen liegt, ist es nicht verwunderlich, dass sich an dieser Stelle nicht *ein* Ergebnis präsentieren lässt. Auf die Frage, „Was hat der Horrorfilm seinen Zuschauerinnen zu bieten?", gibt es ebenso viele Antworten wie Zuschauer_innen. Denn obgleich meine Interviewpartnerinnen äußerlich betrachtet vom gleichen Ding sprechen, dem Horrorfilm, so ist ihr jeweiliges Verständnis von diesem Begriff unterschiedlich. Dieses Verständnis musste zunächst geklärt werden, um über die Faszination und Bedeutung des Horrorfilms sprechen zu können. In einem sind sich fast alle einig: Horrorfilme sind Filme, die Angst machen. Aus dieser elementaren Definition ergibt sich der Grund dafür, dass eine genauere Bestimmung gar nicht objektiv sein kann. Schließlich ist die Definition dessen, was in einem Film Angst macht, vom subjektiven Empfinden der jeweiligen Zuschauer_innen abhängig. So ist es verständlich, dass die Definitionen meiner Interviewpartnerinnen einander teilweise widersprachen. Während es keine objektive Definition geben mag, ist es dennoch möglich, dass eine Zuschauerin eine für sie persönlich funktionierende Bestimmung des Begriffs „Horrorfilm" aufstellt. Eine der Interviewpartnerinnen, Reiko, thematisierte die Schwierigkeit der Definition von Horrorfilmen und der eindeutigen Zuordnung von Filmen zu diesem Genre. Sie versteht den Begriff daher vor allem als übergeordnete Kategorie für eine Vielfalt an Sub-Genres. Darüber hinaus ist die Definition von Horrorfilmen, so Reiko, nichts Statisches, sondern dynamisch, da sie sich im Laufe der Zeit mit der Entwicklung des Genres und den damit einhergehenden Sehgewohnheiten der Zuschauer_innen verändert. Wissenschaftliche Erörterungen der Problematik der Definition des Horrorfilms kommen zum gleichen Ergebnis.[93] Dies bekräftigt die Überzeugung, auf welcher die von mir angewendete Struktur-Lege-Technik zur (Re-)Konstruktion Subjektiver Theorien basiert: Laie und Wissenschaftler_in sind in ihren geistigen Fähigkeiten, ihre Umwelt zu erklären, gleichgestellt. Die Subjektivität der Bestimmung von Horrorfilmen wird vor allem bei Alice deutlich: Sie schaut lieber Action- als Horrorfilme. Wenn sie Horrorfilme ansieht, ist ihr wichtig, dass Action als Element dabei ist.

93 Z. B. Newman 1988, Tudor 1989, Jancovich 2002b, Cherry 2009.

Wie die Versuche einer Definition zeigen, spielen die Vorlieben der Zuschauerin dabei eine wichtige Rolle. Daher musste ebenfalls geklärt werden, was für sie gute bzw. schlechte Horrorfilme sind.[94] Zu einem guten Horrorfilm gehören auf der inhaltlichen Ebene, dass die Zuschauerin Anteil am Geschehen nehmen kann, auch in der Form, dass sie mitdenken und/oder mitraten muss. Dieser Aspekt kann Mängel aufwiegen, die der Film in anderer Hinsicht haben mag. Außerdem ist Glaubwürdigkeit ein wichtiges Kriterium für alle Interviewpartnerinnen. Dabei ist zu unterscheiden zwischen Glaubwürdigkeit im weiteren Sinne, die innere Logik des Films betreffend, und Glaubwürdigkeit in einem strengen Sinne, als Forderung, dass die Filmwelt in ihrer Beschaffenheit eine Abbildung der Realität sein soll. Fast alle von mir interviewten Zuschauerinnen finden es wichtig, dass ein Horrorfilm eine gute Geschichte hat, d. h., dass die Handlungen begründet und keine Aneinanderreihungen von Effekten sind. Auf der formalen Ebene gehören zu einem guten Horrorfilm z. B. überzeugende Schauspieler_innen und Dialoge. Eine subjektive Kameraführung ist ein Mittel, die Zuschauerin dazu zu bewegen, stärker am Geschehen Anteil zu nehmen, es als „echt" wahrzunehmen. Ebenfalls sehr positiv bewertet wird es, wenn ein Film die Zuschauerin überrascht, sie mit neuen Effekten konfrontiert. Dies liegt bei diesem Genre nahe, denn die Zuschauerin zu ängstigen oder zu erschrecken funktioniert nur begrenzt mit dem Rückgriff auf bekannte Effekte. Möglicherweise ist dies das Hauptmerkmal, welches den Horrorfilm positiv von anderen Filmgenres abhebt: seine Fähigkeit zu überraschen. Ein guter Horrorfilm soll auf der anderen Seite jedoch auch Raum geben, um zwischendurch „Luft zu holen". Horrorfilme dürfen gerne auch gesellschaftskritisch sein. Bei einigen meiner Interviewpartnerinnen kann ein Film punkten, wenn die Geschichte psychologisch fundiert ist. Als Kriterien für schlechte Horrorfilme wurden vor allem die gegenteiligen Merkmale von guten Horrorfilmen genannt. Abgesehen davon brachte vor allem Emily große Verärgerung darüber zum Ausdruck, dass in Horrorfilmen sexistische und vor allem misogyne Rollenbilder keine Seltenheit sind.

Nachdem geklärt wurde, wodurch sich Horrorfilme allgemein und gute bzw.

94 Ich habe bereits im *Kapitel 3.2* darauf hingewiesen, möchte an dieser Stelle jedoch noch einmal betonen, dass die Reihenfolge der Aspekte nichts über die Quantität der Nennungen aussagt.

schlechte Horrorfilme im Besonderen auszeichnen, ging es um die Leitfragen dieser Forschung: Warum schaut frau Horrorfilme? Was ist die Faszination an diesem Genre? Welche Bedeutung hat es für die Zuschauerin? Für fast alle meine Interviewpartnerinnen ist ein naheliegender Grund der „Kick“, der dadurch in ihnen ausgelöst wird. Katrina vergleicht das Gefühl mit Karussellfahren und weiteren Aktivitäten, deren Ausübung erfordern, dass die_der Akteur_in Angst überwindet. Auch diese alltagspsychologische Erklärung gleicht der wissenschaftlichen. Es geht jedoch nicht ausschließlich um Unterhaltung. Reiko betrachtet Horrorfilme auch als Möglichkeit, sich aktiv mit eigenen Ängsten auseinanderzusetzen, selbst den „kontrollierten Verlust“ zu wählen, anstatt „Kontrollverlust“ zu erleiden, wie es bei Isabel Pinedo heißt. Ähnlich wie andere Filme, eignen sich Horrorfilme ebenso den Alltag zu vertreiben, denn „[d]a ist man einfach (.) wirklich erstmal mit was anderem beschäftigt [...]“ (Reiko, 01:01:02-6). Humor ist für einige Zuschauerinnen in Bezug auf Horrorfilme ein ambivalentes Thema: Einerseits werden komische Momente nicht negativ bewertet, andererseits disqualifizieren sie den Film als Horrorfilm. Je nachdem, welche Aspekte die Zuschauerinnen besonders an Horrorfilmen schätzen, bevorzugen sie bestimmte Sub-Genres: Wer es wichtig findet, sich in die Filme hineinversetzen zu können und es realistisch mag, bevorzugt psychologisch fundierte Filme. Asiatische Filme sind für westlich geprägte Sehgewohnheiten unvorhersehbar und überraschen dadurch. Slasher-Filme sind in ihrer Darstellung extremer körperlicher Bedrohung eine Herausforderung. Geister- und Zombiefilme präsentieren Klassiker des Genres auf immer wieder neue Art und Weise.

Für meine Interviewpartnerinnen zeichnen sich Horrorfilme durch bestimmte Merkmale aus, die sie als Zuschauerinnen an ihnen schätzen und in anderen Genres nicht in dieser Form finden. Dazu gehört, dass Horrorfilme zu schauen sehr bewegend im wahrsten Sinne des Wortes ist, wie Angela feststellt. Im Unterschied zu anderen Filmen zeichnen Horrorfilme nicht das Bild einer heilen Welt und sind somit für Emily realistischer als z. B. Liebesfilme. Andererseits sind sie aber auch unrealistisch, jedoch hat dies eher beruhigende Wirkung, wie neben Emily auch Alice feststellt: Anstatt sich darüber zu ärgern, dass es im wahren Leben kein „glücklich bis ans Ende ihrer Tage“ gibt, können sie sich bei Horrorfilmen sogar ein wenig erleichtert fühlen – denn *so* schlimm ist es in Wirklichkeit ja doch nicht. Außerdem sind Horrorfilme vielfältiger und weniger Formel-basiert als andere Filme, so Sadako. Doch jedes Genre hat seine Besonderheiten, die bestimmte Reaktionen bei den Zuschauer_innen auslösen. Darin gleichen sich der Horrorfilm und andere Genres wiederum, wie Reiko feststellt.

Abgesehen von den Inhalten ist das Gemeinschaftserlebnis beim Schauen eines Horrorfilms von großer Bedeutung für meine Interviewpartnerinnen. Dieser Aspekt ist sowohl wichtig als auch facettenreich, weshalb seine Betrachtung in dieser Arbeit ein eigenes Kapitel einnimmt.

Im Exkurs über die allgemeinen Präferenzen meiner Interviewpartnerinnen bezüglich Film und Fernsehen wurde deutlich, dass sich viele der Vorlieben innerhalb des Horrorgenres auch jenseits davon wiederfinden. Dies deutet darauf hin, dass die Faszination am Horrorfilm gar nicht so isoliert von der Faszination am Medium Film allgemein ist, wie die Frage, die dieser Forschung zugrunde liegt, zunächst impliziert.

Was die Rezeptionssituation anbelangt, so spielen hier drei übergeordnete Faktoren eine wichtige Rolle: Der Ort, die Zuschauer_innen, mit denen sich meine Interviewpartnerinnen einen Film ansehen, und die Reflexion des Filmes. Fast alle von ihnen schauen hauptsächlich zu Hause Horrorfilme, jedoch aus unterschiedlichen Gründen: weil sie noch nicht volljährig sind, weil Kino teuer ist, weil es bequem ist oder weil sie spontan einen Horrorfilm im Fernsehen entdecken. Ein weniger pragmatischer Grund ist, dass die Zuschauerin die Reaktionen, die diese Filme in ihr auslösen, nicht gerne in der Öffentlichkeit bzw. vor Fremden zeigen mag. Grundsätzlich sind die Mitzuschauer_innen der wichtigste Aspekt der Rezeptionssituation. Emily sieht sich Horrorfilme alleine an, wenn ihr ein Film besonders wichtig ist, aber keine Mitzuschauer_innen zur Verfügung stehen, die ebenso großen Wert darauf legen. Auf jeden Fall ist es gruseliger, sich Horrorfilme alleine anzuschauen. Häufig ist es einer spontanen Entscheidung der Zuschauerin geschuldet, wenn sie sich einen Horrorfilm alleine ansieht. Allgemein schauen meine Interviewpartnerinnen lieber in Gesellschaft als alleine Horrorfilme.[95]

95 Sich gemeinsam zu erschrecken und darüber zu amüsieren, spielt eine große Rolle beim gemeinsamen Schauen von Horrorfilmen. Die Performance-Künstlerin Miranda July hat in einem Vortrag einmal die Behauptung aufgestellt, dass es Menschen einander näher brächte,

Manchmal ist es die Situation bzw. die Zusammensetzung einer Gruppe, die dazu führt, dass die Filmauswahl auf einen Horrorfilm fällt. Einige Interviewpartnerinnen finden es wichtig, dass ihre Mitzuschauer_innen ein ähnliches Verhältnis zum Film haben wie sie, wozu z. B. gehört, dass sie während des Films keine Fragen stellen oder an den falschen Stellen die falschen Witze machen. Für Katrina sind Horrorfilm-Abende häufig gleichzeitig „Mädels-Abende".

Die meisten meiner Interviewpartnerinnen nehmen geschlechtsspezifische Unterschiede in den Reaktionen auf einen Horrorfilm wahr: weiblich sozialisierte Zuschauer_innen zeigen sich häufiger ängstlich, männlich sozialisierte betonen eher, wie wenig sie ein Film beeindruckt. Körperliche Nähe spielt beim gemeinsamen Schauen von Horrorfilmen eine Rolle und hat für meine Interviewpartnerinnen unterschiedliche Bedeutung, je nachdem, ob sie sich auf eine_n weiblich oder männlich sozialisierte_n Zuschauer_in bezieht. In Bezug auf männlich sozialisierte Zuschauer empfindet Emily körperliche Nähe als eher unangenehm und interpretiert sie als Vorwand für eine „Anmache". Überhaupt fühlt sie sich gestört durch die Gruppendynamik, die sie häufig beobachtet, wenn weibliche und männliche Zuschauer_innen gemeinsam Horrorfilme ansehen. Katrina stellt fest, dass das Verhalten der anderen ihr eigenes beeinflusst, doch anders als Emily ist sie nicht der Meinung, dass dies gespielt sei. Auch Reiko sieht sich lieber mit weiblich als mit männlich sozialisierten Zuschauer_innen Horrorfilme an, allerdings aus Gründen, die, wie sich herausstellte, eher mit der Vertrautheit der Zuschauer_innen miteinander zusammenhängen, als mit Geschlecht. Dass Emily und Reiko die gleiche Situation aus unterschiedlichen Gründen als unangenehm empfinden, mag mit ihrem Alter zusammenhängen: Es wird für junge Frauen durchaus als angemessen erachtet, sich bei einem Horrorfilm laut zu erschrecken und löst in einigen Jungen/Männern „Beschützeralarm" aus. Bei einer „erwachsenen Frau", wie Reiko es mit Anfang 30 ist, wird das gleiche Verhalten allgemein eher als unangebracht wahrgenommen. Sadako sieht sich lieber mit männlich als mit weib-

---

wenn sie gemeinsam ein wenig peinlich berührt sind. Ich meine, dass dies bei den Situationen, wie sie meine Interviewpartnerinnen hier beschrieben haben, der Fall ist: Es kann durchaus ein wenig unangenehm sein, dabei „ertappt" zu werden, wie eine_n „nur ein Film" derart erschrecken kann. Die_der Zuschauer_in gibt in ihrem_seinem sichtbaren Erschrecken etwas von sich preis. Sich derart zu öffnen, kann unangenehm sein, wenn ein_e Zuschauer_in dies allein tut. Geben sich mehrere in ihren Reaktionen preis, so verbindet dies die Beteiligten miteinander.

lich sozialisierten Zuschauer_innen Horrorfilme an, denn ihrer Erfahrung nach lassen sich die Filme besser mit ersteren analysieren. Letztere neigten eher dazu, sich gar nicht so weit auf den Film einzulassen, sondern direkt mit Äußerungen von Abstoßung zu reagieren. Sadako nimmt hier auch einen gewissen Gruppenzwang wahr: während männlich sozialisierte Personen dazu ermutigt würden, sich Horrorfilme anzusehen, gelte für weiblich sozialisierte das Gegenteil.

Was das Analysieren eines Horrorfilms und den Austausch darüber angeht, so hängt das Gespräch im Allgemeinen von Gesprächspartner_in und Film ab. Die Bandbreite reicht von Empfehlungen austauschen, „Härtegrade" erörtern, bis zu Hintergrundrecherchen und deren Diskussion. Darüber hinaus können Horrorfilme ein Gesprächsthema sein wie jedes andere auch, welches Personen, die sich gleichermaßen dafür interessieren, miteinander verbindet.

Dass Frauen weder dazu neigten, Horrorfilme zu schauen, geschweige denn zu analysieren, wie Sadako meint, führt sie nicht auf biologische Unterschiede zurück, sondern auf die Erziehung in der Kindheit. Bzw. später, im Erwachsenenalter, würden diese Unterschiede „gespielt". Reiko stellt in Gesprächen ab und an fest, dass sie negative oder zumindest irritierte Reaktionen darauf erntet, dass sie gerne Horrorfilme schaut. Ihrer – wie sie betont – subjektiven Wahrnehmung nach, haben die Irritationen vor allem etwas damit zu tun, dass sie „als Frau" Horrorfilme schaut. Dabei seien es eher weiblich als männlich sozialisierte Personen, die so reagierten. Gleichzeitig ist Reikos – ebenfalls, wie sie betont – subjektive Wahrnehmung auch, dass mehr Frauen Horrorfilme schauen, als gemeinhin angenommen werde.

Hier schließt sich der Kreis: diese Untersuchung hat ihren Ursprung in dem Paradoxon, dass ich als Frau irritiert darüber war, dass andere Frauen Horrorfilme schauen. Auch einige der von mir interviewten Zuschauerinnen erleben es nicht als widerspruchsfrei, weiblich zu sein und Horrorfilme zu schauen. Einerseits ist es ein interessantes Genre für Filmliebhaber_innen jeglichen Geschlechts, und womöglich ist es tatsächlich nur ein Mythos, dass nur wenige Frauen Horrorfilme schauen. Andererseits hält sich der Mythos sehr hartnäckig und Zuschauerinnen stoßen auf Irritation, wenn sie sich zu diesem Genre bekennen.

Daraus ergeben sich diverse Aufträge für zukünftige Forschungen auf diesem Gebiet. Es kann direkt an diese Forschung angeknüpft werden, indem die subjektive Wahrnehmung der Zuschauerinnen, welche sichtbar zu machen das Ziel dieser Arbeit war, mit der Beobachtung des_der Wissenschaftler_in verglichen wird. D. h., die (Selbst-)Beschreibungen der interviewten Zuschauerinnen könnten anhand von teilnehmenden Beobachtungen überprüft werden.

Mit quantitativen Methoden ließe sich feststellen, ob die Irritation darüber, dass Frauen Horrorfilme schauen, tatsächlich daher rührt, dass sie „exotische" Einzelfälle sind, oder ob es ein Klischee ist, dass Frauen keine Horrorfilme schauen, welches sich einfach nicht auflösen will. Sollte der Horrorfilm sich nach wie vor tatsächlich als „Männerdomäne" erweisen, wäre es umso interessanter, noch mehr über die Zuschauerinnen zu erfahren. Ist die „gefühlte" Zuschauerinnenzahl wesentlich geringer als die tatsächliche, wäre es eine Betrachtung wert, zu untersuchen, wie und warum sich der Mythos „Horrorfilm = Männerfilm" so standhaft hält. Beides wären wiederum Fragen für eine qualitative Untersuchung. Ob die Gründe meiner Interviewpartnerinnen, sich Horrorfilme anzusehen, sowie Aspekte des Rezeptions-Kontexts, repräsentativ sind für andere Zuschauerinnen, ließe sich wiederum durch eine quantitative Studie feststellen.

Last but not least darf nicht vergessen werden, dass in einer „Männerdomäne" (ob nun gefühlt oder tatsächlich) nicht nur Frauen auf Irritationen stoßen und für selbige sorgen. Sämtliche aufgezählten Forschungsfragen könnten und sollten auch aus einer queeren Perspektive betrachtet werden. Der Horrorfilm ist darin, Geschlechterkategorien jenseits von „männlich" und „weiblich" im traditionellen Sinne des binären heteronormen Systems zu denken, manchem_r Zuschauer_in voraus, zumindest, wenn man Judith Halberstams Betrachtungen folgt:

> „The queer tendency of horror film, in my opinion, lies in its ability to reconfigure gender not simply through inversion but by literally creating new categories. For example, the relations between femininity and chain saws in Texas Chainsaw Massacre 2 significantly alter the terrain and bodily space of the 'girl' in these films. Similarly, the relations between men and splattered masculinity affects the meanings of maleness." (Halberstam 2006, 139)

Anhang

Transkriptionsregeln

Ich habe mich bei der Transkription an einigen der Regeln orientiert, die Kuckartz et al. (2007) vorschlagen:

„1. Es wird wörtlich transkribiert, also nicht lautsprachlich oder zusammenfassend. Vorhandene Dialekte werden nicht mit transkribiert.

2. Die Sprache und Interpunktion wird leicht geglättet, d. h. an das Schriftdeutsch angenähert. Bspw. wird aus „Er hatte noch so'n Buch genannt" -> „Er hatte noch so ein Buch genannt".

3. Alle Angaben, die einen Rückschluss auf eine befragte Person erlauben, werden anonymisiert. [...]

6. Zustimmende bzw. bestätigende Lautäußerungen der Interviewerin (Mhm, Aha, etc.) werden nicht mit transkribiert, sofern sie den Redefluss der befragten Person nicht unterbrechen.

7. Einwürfe der jeweils anderen Person werden in Klammern gesetzt.

8. Lautäußerungen der befragten Person, die die Aussage unterstützen oder verdeutlichen (etwa lachen oder seufzen), werden in Klammern notiert. [...]" (Kuckartz et. al. 2007, 8f)

Weitere Regeln:

P1: Hier kommt eine Unterbre- P2: -Ich unterbreche dich hier.	Längere Unterbrechungen durch die jeweils andere Person, die, anders als Einwürfe, den Redefluss der ersten Sprecherin abbrechen.
[...]	Auslassung im Transkript bzw. Kürzung im Zitat
(.)	kurzes Innehalten
(2)	zwei (drei, vier, etc.) Sekunden Pause
jaaaa	Dehnung – je mehr Vokale, desto länger die Dehnung
ja	Betonung
ja	gehobene Lautstärke
(ja)	Unsicherheit bei der Transkription, z. B. aufgrund von schwer verständlichen Äußerungen
(........)	unverständliche Äußerung – Anzahl der Punkte entspricht ca. der Länge der ausgelassenen Äußerung

@(.)@	kurzes Auflachen
@(Text)@	Text wird lachend gesprochen
@(2)@	zwei (drei, vier, etc.) Sekunden Lachen
„leise“	leise gesprochen
....	paraverbale Äußerung (äh, ähm, stottern) – je mehr Punkte, desto mehr paraverbale Äußerungen
(Husten)	nonverbale Äußerung

Qualitative Inhaltsanalyse: Inhaltliche Strukturierung

(vgl. Mayring 2008, 89)

1. Bestimmung der Analyseeinheiten
2. Theoriegeleitete Festlegung der inhaltlichen Hauptkategorien
3. Bestimmung der Ausprägung (theoriegeleitet), Zusammenstellung des Kategoriensystems
4. Formulieren von Definitionen, Ankerbeispielen und Kodierregeln zu den einzelnen Kategorien
5. Materialdurchlauf: Fundstellenbezeichnung
6. Materialdurchlauf: Bearbeitung und Extraktion der Fundstellen
7. Überarbeitung, ggf. Revision von Kategoriensystem und Kategoriendefinition (zurück zu Schritt 3)
8. Paraphrasierung des extrahierten Materials
9. Zusammenfassung pro Kategorie
10. Zusammenfassung pro Hauptkategorie

Leitfaden für Einzelinterviews

Bedeutung der HF für die Interviewten

- (Definition) Was ist ein Horrorfilm (im Folgenden mit HF abgekürzt)?
- (Vorlieben) Besitzt du HF ?
- (Vorlieben) Was ist dein Lieblings-HF?
- (Vorlieben/Ästhetik) Was gefällt dir an deinem Lieblings-HF?
- (Vorlieben/Ästhetik/Geschlechtsspezifika) Hast du ein bevorzugtes Sub-Genre? Was gefällt dir speziell an diesem?
- (Vorlieben/Geschlechtsspezifika/Ästhetik) Gibt es bestimmte HF/HF-Genres, die du nicht schaust? Warum?
- (Einstieg) Was war dein erster Horror-Film?
- (Einstieg) Kannst du dich an die Situation erinnern, wie du dazu gekommen bist, ihn zu schauen?
- (Einstieg) Wie alt warst du?
- (Einstieg) Hast du von Anfang an gerne HF geschaut?
- (Einstieg) Falls nein: Wie lange hat es gedauert, bis du sie gerne geschaut hast? Kannst du dich an die Situation erinnern, als du zum ersten Mal einen HF gesehen hast und es dir Spaß gemacht hat?
- (Nutzen/Bedeutung) Warum meinst du, schaut man sich etwas an, was eigentlich nicht angenehm ist? Oder ist es das, auf irgendeine Weise, doch? Warum schaust du dir etwas an, das eigentlich nicht angenehm ist?
- (Nutzen/Bedeutung) Warum schaut „man" HF? Warum schaust du HF?
- (Häufigkeit) Wie oft schaust du dir HF an?
- (Definition/Vorlieben/Nutzen/Ästhetik/Geschlechtsspezifika) Was ist ein guter HF?
- (Definition/Vorlieben/Nutzen/Ästhetik/Geschlechtsspezifika) Was ist ein schlechter?
- (Vorlieben/Nutzen/Ästhetik/Geschlechtsspezifika) Gibt es Szenen in HF, bei denen du nicht hinschaust? Wenn ja, welche?
- (Identitätsbildung) Haben HF etwas mit dem/deinem realen Leben zu tun? Inwiefern?

Sozialer Kontext

- (Rezeptions-Kontext) Schaust du alleine HF oder mit anderen? Worin bestehen die Unterschiede?
- (Alter) Wie alt bist du jetzt?
- (Zugang) Woher bekommt ihr die HF, die ihr schaut?
- (Ausbildung) Was machst du?/Auf was für eine Schule gehst du?
- (Ausbildung/Zukunft) Was willst du nach der Schule machen?
- (Zukunft) Wie stellst du dir deine Zukunft vor?
- (Familie) Hast du Geschwister (wenn ja, wie viele, wie alt, Bruder oder Schwester)?
- (Familie) Wer gehört alles zu deiner Familie?
- (Familie) Schaut außer dir jemand in deiner Familie HF?
- (Familie) Wissen deine Eltern, dass du HF schaust und magst?
- (Familie) Was sagen sie dazu?
- (Bedeutung/Nutzen) Wie erklärst du es ihnen, dass du HF magst?
- (Freund_innen) Hast du Freund_innen, die keine HF mögen? Was unternimmst du mit ihnen? Was sagen sie dazu, dass du gerne HF schaust?
- (auch: Bedeutung) Wie erklärst du es ihnen, dass du sie magst?
- (Freizeit) Was machst du sonst so in deiner Freizeit?

Geschlechtsspezifika

- Kennst du viele Mädchen/Frauen, die gerne HF schauen? Wie viele? Im Vergleich dazu: Kennst du viele Jungen/Männer, die dies gerne tun? Wie viele?
- (Rezeptions-Kontext) Mit wem schaust du HF? Nur mit Mädchen/Frauen? Nur mit Jungen/Männern? Gemischt? Macht das einen Unterschied? Wenn ja, welchen?
- Gibt es bestimmte HF, die du lieber mit Mädchen/Frauen (bzw. Jungen/Männern / gemischt) schaust? Welche? Warum?

Bedeutung von Film allgemein für die Interviewten

- (Film allgemein) Was schaust du außerdem für Filme?
- (Film allgemein) Welche Rolle spielen Filme in deinem Leben? (evtl. etwas zu abstrakt, besser: Wie oft gehst du ins Kino/schaust du dir Filme an? Was gefällt dir an Filmen?)

- (Ort) Schaust du dir HF eher im Kino oder auf DVD (oder sonst wie) an? Warum bevorzugst du welches Medium bzw. welchen Ort?

Ästhetik

- (Nutzen/Ästhetik) Was ist ein guter HF?
- (Nutzen/Ästhetik) Was ist ein schlechter?
- (Rezeption) Gibt es Szenen in HF, bei denen du nicht hinschaust? Wenn ja, welche und warum?

Filme & TV-Shows

27 Dresses, USA, 2007, Regie: Anne Fletcher

90210, USA, 2008-heute, Creators: Jeff Judah, Gabe Sachs, Darren Star, Rob Thomas

Avatar, USA/UK, 2009, Regie: James Cameron

Bad Boys, USA, 1995, Regie: Michael Bay

The Crazies, USA, 1973, Regie: George A. Romero

The Crazies, USA/UAE, 2010, Regie: Breck Eisner

CSI: Crime Scene Investigation, USA/CA, 2000-heute, Creator[96]: Ann Donahue, Anthony E. Zuiker

Crossing Jordan, USA, 2001-2007, Creator: Tim Kring

Der mit dem Wolf tanzt (Dances with Wolves), USA, 1990, Regie: Kevin Costner

Diary of the Dead, USA, 2007, Regie: George A. Romero

Edelweißpiraten, D/CH/Niederlande/Luxemburg, 2004, Regie: Niko von Glasow

E.T. (E.T.: The Extra-Terrestrial), USA, 1982, Regie: Steven Spielberg

Tanz der Teufel (The Evil Dead), USA, 1981, Regie: Sam Raimi

Fido, CA, 2006, Regie: Andrew Currie

Final Destination, USA/CA, 2000, Regie: James Wong

Funny Games, 1997, Österreich, Regie: Michael Haneke

Grey's Anatomy, USA, 2005-heute, Creator: Shonda Rhimes

Der Fluch (The Grudge), USA/Japan/D, 2004, Regie: Takashi Shimizu

The Hangover, USA/D, 2009, Regie: Todd Phillips

High School Musical, USA, 2006, Regie: Kenny Ortega

96 Ich übersetze den englischen Begriff in diesem Zusammenhang nicht, da die mir bekannten deutschen Übersetzungen religiös anmutend bis holprig sind („Erschaffer", „Macher") und somit nicht deutlich(er) machen, was „creator" in diesem Zusammenhang bedeutet.

High School Musical 2, USA, 2007, Regie: Kenny Ortega

High School Musical 3: Senior Year, USA, 2008, Regie: Kenny Ortega

Kevin allein in New York (Home Alone 2: Lost in New York), USA, 1992, Regie: Chris Columbus

Dr. House (House M. D.), USA, 2004-heute, Creator: David Shore

House of Wax, A/USA, 2005, Regie: Jaume Collet-Serra

Es (It), USA/CA, 1990, Regie: Tommy Lee Wallace

Der weiße Hai (Jaws), USA, 1975, Regie: Steven Spielberg

Land of the Dead, CA/F/USA, 2005, Regie: George A. Romero

Lost, USA, 2004-2010, Creators: J. J. Abrams, Jeffrey Lieber, Damon Lindelof

Lucky Number Slevin, D/USA, 2006, Regie: Paul McGuigan

Malcolm mittendrin (Malcolm in the middle), USA, 2000-2006, Creator: Linwood Boomer

Martyrs, F/CA2008, Regie: Pascal Laugier

The Matrix, USA/A, 1999: Regie: Andy & Lana Wachowski

Mirrors, USA, Rumänien, D, 2008, Regie: Alexandre Aja

Monk, USA, 2002-2009, Creator: Andy Breckman

Mulan, USA, 1998, Regie: Tony Bancroft, Barry Cook

Das Vermächtnis der Tempelritter (National Treasure), USA, 2004, Regie: Jon Turteltaub

Das Vermächtsnis des geheimen Buches (Nationale Treasure: Book of Secrets), USA, 2007, Regie: Jon Turteltaub

No Woman's Land, USA, 1925, Regie: unbekannt

O. C., California (The O. C.) USA, 2003-2007, Creator: Josh Schwartz

One Tree Hill, USA, 2003-heute, Creator: Mark Schwahn

Pippi Langstrumpf (Pippi Långstrump), SE/BRD, 1969, Regie: Olle Hellbom

Poltergeist, USA, 1982, Regie: Tobe Hooper

Stolz und Vorurteil (Pride and Prejudice), F/UK, 2005, Regie: Joe Wright

Prison Break, USA, 2005-2009, Creator: Paul Scheuring

PS: Ich liebe dich (P.S. I Love You) USA, 2007, Regie: Richard LaGravenese

Raus aus Åmål (Fucking Åmål) Schweden/Dänemark, 1998, Regie: Lukas Moodysson

Resident Evil - Afterlife, D/F/UK, 2010, Regie: Paul W. S. Anderson

The Ring, USA/Japan, 2002, Regie: Gore Verbinski

Ringu, Japan, 1998, Regie: Hideo Nakata

Rec, Spanien, 2007, Regie: Jaume Balagueró, Paco Plaza

Die 120 Tage von Sodom (Salò o le 120 giornate di Sodoma), I/F, 1975, Regie: Pier Paolo Pasolini

Saw, USA/A, 2004, Regie: James Wan

Saw II, USA/CA, 2005, Regie: Darren Lynn Bousman

Saw III, USA/CA, 2006, Regie: Darren Lynn Bousman

Saw IV, USA/CA, 2007, Regie: Darren Lynn Bousman

Saw V, USA/CA, 2008, Regie: David Hackl

Saw VI, CA/USA/UK/A, 2009, Regie: Kevin Greutert

Scream, USA, 1996, Regie: Wes Craven

Scrubs, USA, 2001-heute, Creator: Bill Lawrence

Shaun of the Dead, UK/F, 2004, Regie: Edgar Wright

Sleepy Hollow, USA/D, 1999, Regie: Tim Burton

Texas Chainsaw Massacre 2 (The Texas Chainsaw Massacre Part 2), USA, 1986, Regie: Tobe Hooper

Titanic, USA, 1997, Regie: James Cameron

Transformers, USA, 2007, Regie: Michael Bay

Twin Peaks, USA, 1990-1991, Creators: Mark Frost, David Lynch

Verdachtsfälle, D, 2009-heute, Creator: ?

We are Family! So lebt Deutschland, D, 2005-heute, Regie: Tom Gamlich, Frank Lukas Horsthemke, Annette Schnaittach

Die wilden Hühner, D, 2006, Regie: Vivian Naefe

Zombieland, USA, 2009, Regie: Ruben Fleischer

Bibliografie

Blumer, H. 1969. *Symbolic interactionism : perspective and method.* Englewood Cliffs, NJ: Prentice-Hall.

Blumer, H. 1973. *Der methodologische Standpunkt des Symbolischen Interaktionismus.* In: Arbeitsgruppe Bielefelder Soziologen (Hg.), *Alltagswissen, Interaktion und gesellschaftliche Wirklichkeit, Bd. 1.* Reinbek: Rowohlt, S. 80-146.

Butler, J. 2002. *Performative Akte und Geschlechterkonstitution. Phänomenologie und feministische Theorie.* In: Wirth, U. (Hg.), *Performanz. Zwischen Sprachphilosophie und Kulturwissenschaften.* Frankfurt a. M.: Suhrkamp, S. 301-320.

Cherry, B. 2009. *Horror.* London: Routledge.

Clover, C. J. 1993. *Men, women and chain saws : gender in the modern horror film.* Princeton, NJ: Princeton Univ. Press.

Ebert, R. 2010. *Paranormal Activity 2.* http://rogerebert.suntimes.com/apps/pbcs.dll/article?AID=/20101022/REVIEWS/101029991 (zuletzt besucht am 04.11.2010).

Flick, U., von Kardoff, E., Steinke, I. 2003 (2000). *Qualitative Forschung : Ein Handbuch.* Reinbeck bei Hamburg: Rowohlt Taschenbuch Verlag.

Flick, U. 2006. *Qualitative Sozialforschung : eine Einführung.* Reinbek bei Hamburg: Rowohlt-Taschenbuch-Verlag.

Flick, U. 2009. *Qualitative Sozialforschung. Eine Einführung.* Reinbek bei Hamburg: Rowohlt Taschenbuch Verlag.

Glogauer, W. . *Kriminalisierung von Kindern und Jugendlichen durch Medien : Wirkungen gewalttätiger, sexueller, pornographischer und satanischer Darstellungen.* Baden-Baden: Nomos-Verlags-Gesellschaft.

Grodal, T. 1997. *Moving pictures : a new theory of film genres, feelings and cognition.* Oxford u. a.: Clarendon Press.

Groeben, N. 1986. *Handeln, Tun, Verhalten als Einheiten einer verstehenderklärenden Psychologie : wissenschaftstheoretischer Überblick und Programmentwurf zur Integration von Hermeneutik und Empirismus.* Tübingen: Francke.

Grossman, D. & DeGaetano, G. 2002. *Wer hat unseren Kindern das Töten beigebracht? : Ein Aufruf gegen Gewalt im Fernsehen, Film und Computerspielen.* Stuttgart: Verlag Freies Geistesleben.

Habermas, J. 1973. *Wahrheitstheorien.* In: H. Fahrenbach (Hg.), *Wirklichkeit und Reflexion.* Pfullingen: Neske, S. 211-265.

Halberstam, J. 2006 (1995). *Skin Shows : Gothic Horror and the Technology of Monsters.* Durham & London: Duke University Press.

Jancovich, M. 2002. *Genre and the Audience: Genre Classifications and Cultural Distinctions in the Mediation of 'The Silence of the Lambs'.* In: Jancovich, M. (Hg.), *Horror The Film Reader.* London: Routledge, S. 151-162.

Jones, G. 2005. *Kinder brauchen Monster : vom Umgang mit Gewaltphantasien.* Berlin: Ullstein.

Kelly, G. A. 1991 (1955). *The Psychology of Personal Constructs. Vol. I, II.* London: Routledge.

Köhler, E. 2008. *Computerspiele und Gewalt : eine psychologische Entwarnung.* Heidelberg: Spektrum, Akademischer Verlag.

Kuckartz, U., Dresing, T., Rädiker, S. & Stefer, C. 2007. *Qualitative Evaluation. Der Einstieg in die Praxis.* Wiesbaden: VS Verlag für Sozialwissenschaften.

Kutner, L. & Olsen, C. K. 2008. *Grand theft childhood : the surprising truth about violent video games and what parents can do.* New York [u. a.]: Simon & Schuster.

Luca, R. 1993. *Zwischen Ohnmacht und Allmacht : Unterschiede im Erleben medialer Gewalt von Mädchen und Jungen.* Frankfurt/Main [u.a.]: Campus-Verlag.

Mayring, P. 2008 (1983). *Qualitative Inhaltsanalyse : Grundlagen und Techniken.* Weinheim und Basel: Beltz Verlag.

Mead, G. H. 1968. *Geist, Identität und Gesellschaft.* Frankfurt: Suhrkamp.

Newman, K. 1988. *Nightmare movies : a critical guide to contemporary horror films.* New York: Harmony Books.

Pinedo, I. C. 1997. *Recreational terror : women and the pleasures of horror film viewing.* Albany, N.Y.: State Univ. of New York Press.

Scheele, B., Groeben, N. 1988. *Dialog-Konsens-Methoden zur Rekonstruktion Subjektiver Theorien : Die Heidelberger Struktur-Lege-Technik (SLT), konsensuale Ziel-Mittel-Argumentation und kommunikative Flußdiagramm-Beschreibung von*

Handlungen. Tübingen: Francke Verlag.

Terry 2010. *Heroism vs multiplayer game mechanics and Rape as a fantasy trope.* http://geekfeminism.org/2010/08/17/heroism-vs-multiplayer-game-mechanics-and-rape-as-a-fantasy-trope/ (zuletzt besucht am 23.11.2010).

Tudor, A. 1989. *Monsters and mad scientists : a cultural history of the horror movie.* Oxford: Blackwell.

Vogelgesang, W. 1991. *Jugendliche Video-Cliquen : Action- und Horrorvideos als Kristallisationspunkte einer neuen Fankultur*. Opladen: Westdeutscher Verlag.

West, C. & Zimmerman, D. H. 1987. Doing Gender. *Gender and Society*. 1(2): 125-151.

Wierth-Heining, M. 2005. *Filmrezeption und Mädchencliquen : Medienhandeln als sinnstiftender Prozess*. München: KoPäd-Verlag.

Wulff, H. J. 2007. Schichtenbau und Prozesshaftigkeit des Diegetischen: Zwei Anmerkungen. *montage AV*. 16/02/2007: 39-51.

***ibidem*-Verlag**

Melchiorstr. 15

D-70439 Stuttgart

info@ibidem-verlag.de

www.ibidem-verlag.de
www.ibidem.eu
www.edition-noema.de
www.autorenbetreuung.de

Zeitfracht Medien GmbH
Ferdinand-Jühlke-Straße 7
99095 Erfurt, Deutschland
produktsicherheit@kolibri360.de